本书得到沪江网校外语研究基金资助

JIYU YULIAOKU DE RIYU YANJIU

基于语料库的
日语研究

戴宝玉 著

学林出版社

图书在版编目(CIP)数据

基于语料库的日语研究/戴宝玉著. —上海:学林出版社,2012.1
ISBN 978-7-5486-0273-6

Ⅰ.①基… Ⅱ.①戴… Ⅲ.①日语—研究—文集 Ⅳ.①H36-53

中国版本图书馆 CIP 数据核字(2011)第 255675 号

基于语料库的日语研究

作　　者——	戴宝玉
责任编辑——	胡小波
封面设计——	周剑峰

出　　版——	上海世纪出版股份有限公司 学林出版社
	地址:上海钦州南路81号　　电话/传真:64515005
发　　行——	中国图书进出口上海公司
	地址:上海市广中路88号　　电话:36357888
字　　数——	195千字
书　　号——	ISBN 978-7-5486-0273-6/H·22

(如发生印刷、装订质量问题,读者可向工厂调换。)

目　录

日语语料库与日语研究（前言） ……………………… 1

语言的第二次信息与复合助动词ノダ及相关研究 ………… 1
ノデハナイ与否定 …………………………………… 14
也谈教学实践中的ノダ ……………………………… 28
表示评价意的复合辞在现有助词体系中的定位 ………… 42
关于陈述接续词与复合谓语的呼应以及相互连接 ……… 56
也谈意志动词和无意志动词 ………………………… 72
关于派生动词「～化する」的自他连续性 ………………… 89
关于单汉字サ变动词的分化问题 …………………… 100
关于由「名詞＋あふれる」构成的连体词 ……………… 112
浅析「への」结构的意义特征 ………………………… 127
关于新旧两种语法体系的实证性研究 ……………… 144
政治信念、政治的信念、政治的な信念 ……………… 160
接辞和副词兼类的ヨリ ……………………………… 171
日语语料库例句词典编撰构想 ……………………… 185
关于コトの「事」与「言」 ……………………………… 197
日语空间名词"中"的语法化 ………………………… 212

日语语料库与日语研究
（前言）

1. 序言

在日语教学和研究中，对某个词或某种表达是否成立进行判断是常有之事，对一些简单的语言现象可以查阅辞典或请教他人，但是要解释、判断生僻的或者是复杂的语言现象，仅凭借一般辞典和普通人的知识是难以解决的。如果要对这类语言现象作进一步深入的研究，就不得不借助于用计算机来处理的大量的语言数据，简而言之，这就是语料库。

自20世纪70年代美国制作了Brown Corpus以来，世界各国都开始研制语料库，种类越来越多，规模也越来越大。语料库就种类而言，有文本语料库和语音语料库，口语语料库和书面语语料库，单语种语料库和多语种对译语料库[①]，带标注语料库和不带标注的纯文本语料库等，最近比较受关注的还有学习者语料库。随着电脑技术的飞速发展，语料库制作不再限于国家研究项目或是某个大学的研究项目，个人只要投入足够的资金和时间，也可以制作出相当规模的语料库。而对语料库的追求是永无止境的，从规模和内容上来说，永远不会不偏不倚，尽善尽美，短期内难以实现一个理想的语

[①] 笔者有幸参与北京日本学研究中心主持的中日对译语料库研制的部分工作，该语料库规模为中日文各1 000万字，详见徐一平(2002)。

料库。

除了对语料库建设本身的研究,更重要的是利用语料库进行的语言研究,在此且称为语料库的应用研究。语料库只是手段,研究才是终极的目的,利用现有的语料库,发挥它的长处,只要有新的切入点,就可以解决许多实际问题。本文就是对语料库应用研究的一个尝试,探讨如何利用各种语料库,如何去发现新的语言事实,从而充实和改善甚至是纠正现有的语言研究成果,以下从入门的角度探讨教学和研究两方面的语料库的应用。

2. 语料库应用举例

语料库的最直接的应用就是检验某个词或者某个表达方法是否实际存在。正如田村野(1995)所指出的,人通过内省可以联想起的事物十分有限,比如要求某人当场无一遗漏地举出所有友人的姓名几乎是不可能的,在语言教学中也不例外。理想的语料库涵盖各种文体和不同时代,包罗了所有的语言现象,而决不是简单地局限于语法或词汇。以下以从网上下载的日本国立国语研究所公开的语料库"himawari"为例,说明如何利用语料库来解决教学和研究中的实际问题。

日前,某教师编写了教材日语,笔者对其中引号的用法感到很不自然,但这只是基于长期阅读和积累形成的一种直观判断,本人并非研究标点符号的专家,没有确切的依据。据该教师称,他在教学中一直强调日语中的句号只能在引号之内,不能用在引号之外。如果就句号和引号关系而言,可以有以下三种组合,即:

(1a) 〜た。」
(1b) 〜た」。
(1c) 〜た」

显然,这位教师赞成上述的(1)的写法,反对(2)的写法,但是笔者直观觉得真正最为常用的是(3)。如果用语料库来验证一下,结果就一目了然了。为此笔者分别用「た。」、「た」。和「た」进行检索,其结果是,(1)为126例,(2)为79例,(3)为4 877例。可见,这位教师的见解没有错,但是他忽略了日语中句号和引号的另一种更为普遍的书写法。一个简单的调查足以改变长期以来形成对语言事实的误解。

其实,使用语料库来研究语言,实际上就是一场低成本高效率的大规模问卷调查,只不过不是面对面的调查而已,而且还可以根据自己的需要,不断地改变问卷内容,即改变关键词,从调查者中得到自己最需要的结果,直到满足研究的需要。比如在上述问卷调查中共抽出5 082句例句,排除3例无法确认作者的例句外,这些例句共涉及1 205位作者,由于himawari还提供了作者的出身年月和性别,等于同一时间内向1 200位不同年龄不同性别、具有高度语言素养的人实施问卷调查,其结果是非常可信的。这种调查在现实社会中几乎无法实现,而语料库却可以轻松帮助我们达到这个目的。除了调查以上(1a)(1b)(1c)以外,还可以从年龄角度进行检索,检索结果显示,以上(1)(2)(3)的使用频度最高的前5位分别如下,数字表示其年代。

(2a) 1920,1950,1940,1960,1930
(2b) 1930,1940,1950,1920,1960
(2c) 1930,1920,1950,1950,1890

由此可见,以上三种标点符号的搭配虽然使用频度有所不同,但基本不受年龄的影响。那么这三种用法是否受到性别的影响呢?该语料库还提供了作者的性别信息,因此很容易从这个角度对上述标点符号再次进行更深入的统计,排除非个人作者和多个作者合作

的作品,结果是:

(3a) 男 84 例:女 16 例
(3b) 男 55 例:女 6 例
(3c) 男 3 230 例:女 766 例

从这个结果可以看出,性别对上述三种书写法也没有特别的影响,男女作家都使用这 3 种搭配方式。通过以上调查可以认为,就使用频度而言,3＞1＞2 是一种普遍存在的现象,而且不受年龄和性别的影响。这个调查结果对编写教材和指导学生作文具有很大的指导意义,防止了对语言理解的片面性和盲目性。

以上大致分析了标点符号的使用方法,如果进一步深入分析就会发现,大部分作家标点符号使用比较专一,如车谷长吉只用(1),赤川次郎只用(3),(2)由于使用者较少,所以没有专用(2)的作者。还有部分作者是兼用两种甚至更多的,比如安部公房使用(1)和(3),野坂昭如使用(2)和(3),而山口修则三者都使用,不过这样的作家人数极少。

如果采用传统的纸质问卷调查,虽然问题本身并不复杂,然而要完成这个调查,却是耗时巨大,而且要承受相当的经济负担,而用语料库来作同样的研究,由于上述语料库是免费下载的,所以没有经济负担,对数据的检索和统计分析仅在 20 分钟以内就可以完成,可谓省时高效。如果有一个好的切入点,一个崭新的创意,可以写成一篇很好的研究论文。当然使用小型语料库作研究,只限于常见的语言现象,如果是一个非常冷僻的语言现象,检索所得例句有限,就没有足够的参考价值。

作为比较简单的语料库应用的研究,以下再举一例。

如果有报刊语料库,那么,研究就不限于语言研究,还可以用于社会研究,因为报刊及时反映了社会的各个方面的情况,因此只要

选取的关键词得当,可以很直观地反映出各种社会问题。

比如笔者在使用「男性」「女性」为关键词观察它们与前接名词和后续名词构成的复合名词的调查中,如「独身女性」和「女性社員」,使用了日本数年的报刊,共抽取例句 34 983 句,以下主要涉及「男性社員」和「女性社員」这样的与后续名词构成复合名词的用法。

使用上述关键词,目的是为了从数据上来分析这些复合名词的使用状况,从而达到对日本社会男女平等现状的更为深入客观的了解,而不是停留在主观的臆测上,经过检索和数据处理后,得到的部分复合名词的实际使用状况如表1。

表1 「男性」「女性」与后续名词

	会社員	従業員	教諭	教師	医師	議員	記者	監督	研究者	弁護士	差別
男性	824	180	530	113	110	38	50	3	6	13	8
女性	535	296	327	163	113	377	278	115	102	67	116
	一般職業 男女比 1 757:1 434				知的職業 男女比 110:939						

在表1种,笔者将后续名词分为两类,将「男性会社員」「女性教諭」称为一般职业,将「男性議員」「女性記者」称为高级职业,从表中可以看出,在一般职业中,男女的比例是男性略多于女性,考虑到部分女性婚后放弃原有的职业,这个数字直接反映了目前日本男性和女性在一般职业中实际就业的情况。而在高级职业中,数据显示女性明显高于男性,而且职业越高,男女比例之差就越大。但是这并不意味在日本的高层次职业中女性占了明显优势,现实却是恰恰相反。本来,某些职业都是男性的天下,因此说到从事这个职业的人员,没有必要提及性别,不必一一说明「男性議員」,而当女性开始进入这些职业时,就开始有了区分性别的必要性。「女性議員」是为了区别大多数的男性议员而产生、存在的复合词,它的频繁出现正好

说明在日本,一方面女性议员有所增加,另一方面女性的议员在政界中还是占少数,正因为如此所以才——注明。

表 1 中一般职业中的男女比例大致反映了实际的男女职业分布状况,而高级职业中的男女比例反映的却是数字背后的实际的不平等。因此从表 1 可以得出结论,在日本,在一般职业中基本上是男女平等的,而在高级职业中女性还远不及男性,这从最后一栏的「男性差别」和「女性差别」这两个复合名词的实际使用状况也可以得到证实,相对于男性歧视,在日本存在更多的还是对女性的歧视。

用前接名词进行研究同样可以获得有价值的线索,比如,在同一语料库中,「独身男性」和「独身女性」分别为 55：110,而「未婚男性」和「未婚女性」的比例分别为 9：82,这个数据从一个侧面说明了日本现在结婚适龄男女的婚姻状况,如果数据库足够大,对研究日本的婚姻状况一定会有很大帮助。

如果条件允许,比如具备 1945 年至今的报刊资料,那么就可以分别从不同年代的报刊中抽取上述关键词,然后按年代分别列出加以比较,可以非常客观地描述战后日本社会各个方面的变化,从中可以发现变化的规律。

综上所述,利用日本的报刊资料,只要有独到的视角和良好的切入点,可以获得很客观的研究成果,因为报纸可以说是涵容万象的,所以提供了我们利用语料库从各方面研究日本的可能性。现在日本主要报纸都发售光盘,记录该年度报刊的所有内容,为中国各大学和研究机构研究日本社会提供了非常方便和有效的工具。

3. 语料库与规模

以上涉及的都是一些很常见的语言现象,因此小规模的语料库也足以应对,然而对一些很冷僻的语言现象,要想获得满意的结果,

就只有扩大语料库的规模。比如日语中有「ばこそ」，它分别接在假定形和已然形之后表示不同的意义，比较常见的是已然形，而假定形在 himawari 中只能检索到 5 例，而且不是所有检索所得例句都具有研究价值，所以研究「ばこそ」，himawari 就显得捉襟见肘了。此时，就必须使用规模更大的语料库。为此，笔者使用了自己开发的规模更大的语料库，有效的未然性例句达 25 句。假定形和已然形的「ばこそ」的例句分别例示如下。

(4) 君というパートナーがいれ<u>ばこそ</u>、できることだと思う。（「女たちのジハード」）
(5) 方針も指針もあら<u>ばこそ</u>、無我夢中でここまで来た、というのが家内にとっても実感だろう。（「親父の全力投球の姿」）
(6) 戸棚の口から弾丸の如く飛び出した者が、避くる<u>間もあらばこそ</u>、風を切って吾輩の左の耳へ喰いつく。（「吾輩は猫である」）

收入バコソ的词典很少，如《明镜国语词典》解释如下：

(a) 理由を強調して示す。……からこそ
(b) そんなことはまったくないと全面的に否定する。

《大辞泉》解释如下：

(a) あとの説明を成立させるのに十分な理由を、前に提示する意を表す。
(b) 中世以降終助詞的に用いて強い否定の意を表す。…などするものか。…絶対ない。

上述例句中,对于(4),学生利用现有的知识就可以理解。(5)(6)在目前笔者接触到的高年级教材中没有出现,如果出现,可能要费一番周折。首先,(5)的解释根据前后关系,可以做不同解释,没有固定的译法,比如在此处,可以理解为「〜ないまま」,也可以根据前后文理解为「どころか」等。对(5)这样的例句只有掌握更多的例句,才能对该用法有个比较全面的理解,因此就必须使用更大规模的语料库。

在未然性用法中,(6)是(5)的一种派生用法,在(6)中「間もあらばこそ」,直译的意思为「時間がない」。但是此处已经赋予一种全新的意义,表示两个动作之间的瞬间接续,而不是简单的否定,因此可以理解为现代日语的「〜たとたんに」「〜するやいなや」,由于始终以固定的形式出现,而且已经与特定的意义结合,所以作为一个新的复合助词将它和(5)区别对待更有利于理解。本次共检索到8句(6)这样的用例,虽然数量有限,但是足以发现バコソ的另一种新的作为复合助词的用法。

バコソ可以说是个极端冷僻的语言现象,相比而言,ニシテモ比较常用,但是如果使用规模较大的语料库还是会有新的发现。一般认为ニシテモ有三种用法,分别为:

(7) 韓国は、日本とはいろんなちがいがあります。道路交通にしても、[中略]人は左、車は右側通行です。(「海をわたった盲導犬ロディ」)
(8) 彼女とは、親友というほどではないにしても、わりと親しかったわ。「三浦綾子全集」
(9) アメリカにしてもイギリスにしても、名門学校はすべて私立である。(「ユダヤに学ぶ世界最強の勉強法」)

虽然简单地将它们纳入现有的语法体系有一定的困难,至少可

以分为副助词,接续助词和并列助词①。此前笔者对以下(10)的词性判断感到困惑,因为ニシテモ在接在用言之后这点上属接续助词,然而,这个用言同时又接受「同じ」的修饰,意味着它不是一个简单的用言,而具有体言的性质,如「同じ人」。于是根据ニシテモ前出现的单词的词性来判断ニシテモ的词性,在此就失去了应有的作用,因为没有一个有效的手段来区别这个「捨てる」究竟属于何种词性。

(10) 同じ捨てるにしても、どこかべつの場所で捨てたほうがいい。(「海辺のカフカ」)

然而,笔者在整理语料库中发现了不少以下例句,如(11)。

(11) この私にしてみても、それはまったく同じだった。(「eの悲劇」)

这个例句说明ニシテモ作为复合助词虽然在形态上已经趋于稳定,但是有时候允许有所变化,成为ニシテミテモ,不过这种变化只限于(11)这样的接在名词之后的副助词,而不存在(12)这样的接在用言之后的用法。

(12) ＊彼女とは、親友というほどではないにしてみても、わりと親しかったわ。

如果(10)也不能作(12)这样的改动,那么由此可以断定(10)中的「捨てる」虽然在形态上为动词,实质上是名词,因此它后续的ニ

---

① 参见戴宝玉(1986)。

シテモ是副助词,排除了接续助词的可能。

作为研究,仅限于通过语料库揭示(10)中的ニシテモ的词性还是不够的,对这种现象的观察结果不应限于该现象本身,而应举一反三,这样就可以对其他的复合助词研究有所裨益。比如借助(11)的启示,可以发现(13)中也存在同样的现象。

(13) 彼女にとってみれば、それは腹の立つことだったろう。
(「人の砂漠」)

由此可见,部分复合格助词的形态还并非完全固定,是否还有其他的这类复合格助词,他们的存在对复合格助词整体研究的意义如何,将是一个新的研究课题。毋庸置疑,这种新的研究课题的发现,得益于一个大规模的语料库。

4. 语料库与年代

如果按年代搜集语料,那么就可以在时间坐标上对某个词进行观察,如果这个语料库具有一定规模且构成合理,在研究词汇时就具有积极的参考意义。

比如,「朝シャン」是「朝シャンプする」之略,这个词作为流行语极少被词典收入,使人无从了解这个词的确切含义,但是语料库却可以弥补这种不足。这个词在本人的语料库中最早出现在以下(14)中[①]。

(14) 朝シャンして会社へ出かけ、昼食抜きで美容院へ駆けつけて昼シャンをすませ、夜、帰宅するやいなや夜シャン

---

① 例句出处的数字表示该书的出版年月。

にいそしむ。(「はみだし人間の系譜」1996)
(15) 聞くところによるとかれらの清潔願望は大変なもので、朝シャンとやらで毎朝洗髪するのだそうだが…(「自分の顔を持つ人になる」2001)
(16) 朝シャンといって毎朝これで頭を洗うことが専ら男子高校生にはやった。(「一寸さきはヤミがいい」2003)

由此可见,「朝シャン」意为早晨洗发,不但有「朝シャン」,还有「昼シャン」「夜シャン」。从作品发表年代和(16)的刻意解释来看,这个新词大致出现在20世纪80年代末期。事实上,这个词在1987年曾经得到《流行语大奖》中的表现奖[①],不过作为研究,还需要更为深入的调查。

此外,「超」也曾是颇受关注的另一语言现象。关于「超」,米川(1996)介绍如下:

この「チョー(超)」が東京周辺では強意の副詞として若者たちによく使われている。井上史雄氏によれば、「チョー」は八〇年代半ばに東京の女子大生が使った例が記録されており、まもなく高校生や中学生も使うようになったという。

「超」作为前缀早已有之,《新明解国语词典》收入含「超」的单词20个,对「超」的解释是:

(a) ある限度を超える。超越、超過、出超、入超
(b) 普通の人とかけ離れている。超然、超俗、超人的
(c) 比較を絶している。超特急、超満員、超短波、超国家主義、

---

① http://zokugo-dict.com/01a/asashanpoo.htm

超高層ビル

笔者检索结果得例句共 660 例、180 种,按使用频度排序前 10 名分别为:超能力(98)、超常現象(33)、超伝導(25)、超人(24)、超一流(24)、超高層(23)、超音波(22)、超満員(20)、超高級(13)、超自然(13)。从统计结果来看,它们的意义并未超出词典收词的范围,检索结果前 10 名都属词典列举的第 3 种用法。

「超能力」以异常高的频度位居榜首,是因为语料库收入了三篇相关内容的推理小说和科普文章。作品中频繁出现某个词,在检索结果中就会反映出来,使这个词的使用频度陡升,所以对语料库检索的结果必须结合语料的构成加以全面的斟酌考虑,这就是卷首提及语料库不可能尽善尽美的含义之所在。相对于语法研究,词汇研究更容易受语料库构成的影响,必须慎重对待。

通过对检索结果的分析可知,从 1960 年代起,「超」的接续范围从纯名词开始向表示性质状态的名词形容动词扩展,出现了「超大型の」「超巨大な」「超豪華ホテル」「超モダンな」「超ハードな」「超まじめ人間」等用法。20 世纪 80 年代前后,这种趋势越发明显,最终扩展到了后续形容词和动词,从名词到形容词动词的扩展经历了数十年的时间,以下为这方面的用例。

(17) この時代の浅草の魅力は、浅草寺や仲見世といった古い物が、デパート、カフェー、シネマ、レビューといった超新しい物と隣合せになっていたことから発していたと思われる。(「私説東京繁昌記」1984)

(18) 元祖東京版は「超やさっしー」のに対して、広島は「ぶちやさしんじゃー」、(「現代若者ことば考」1996)

(19) 「超ムカツク」というのが、この節の流行り言葉だとは知っていたが、(「ものは言いよう」2000)

但是,即使「超」后续词的范围不断扩大,它仍只是一个前缀,而不是副词,由「超」构成的复合词结构紧密,中间插入「は」或与修饰的用言的倒置都不被容许,与副词和被修饰语之间只是一种松散的修饰关系大不相同。

此外,「むかつく」原意有二,即生理上的不快感和心理上的不快感,加上「超」后,意义就被限定于后者,不能说「胃が超むかつく」,而且后者在很大程度上丧失了动词的许多语法范畴,在意义和功能上更加接近形容词。在这个意义上,对后续词在意义和语法范畴上的限制与一般副词也不同。凡此种种说明「超」仍停留在前缀上,它非常接近关西方言中的「ど根性」「ど阿呆」「どぎつい」「どえらい」,只是「超」与「ど」相比,它不受地域限制,接续词的范围更为广泛而已[①]。不过,最近这个「超」似乎正在不断扩大使用范围,向着动作动词进军,如(20)。

(20) 外国人と話すのって<u>超緊張しない</u>?(「留学ってドキドキ!」2003)

以上例子表明,只要有一个大规模的按照年代排序的语料库对研究词的变化是有效的,如果这个语料库时间跨度达100年以上,会给我们带来许多有益的帮助。

5. 语料库与文体

口语和书面语在问题上是不同的,由于如何界定口语和书面语可以有不同的见解,而且获得纯粹的口语的语料库目前尚有困难,

---

① 网上可找到以下例句。「大学時代、西部の人は『超むかつく』っていうのを『どむかつく』って言ってたっけ。最近聞かねえなぁ、この言葉」「どむかつくめっちゃいいます!」http://dot.thebbs.jp/1057397440.html

因此本文退而求其次,对以小说剧本为主的语料库(简称小说)与纯粹报刊语料库(《朝日新闻》,简称报刊)为例,加以比较,考察它们之间的异同。

为了方便比较分别从小说抽取了 2 000 万字,同时从报刊抽取了 2 000 万字,两个语料库的时间跨度和年代基本相同,并以动词「をつける」「を付ける」「を附ける」作为关键词,对使用过于个性化的汉字的「を尾ける」和复合动词「駆けつける」中的「つける」等本次不作为观察对象。

笔者从两个语料库中抽出了与动词「つける」共现的名词,并对他们进行了处理,得出的结果如表 2。

表 2　与「つける」共现名词检索结果

	延べ語数	異なり語数
小説	4 102	1 077
新聞	2 451	582

从表 2 可以看出,两个语料库规模和年代相同,而得出的结果却相去甚远,小说语料库无论在动词总数还是在「延べ語数」(名词总量),还是在「異なり語数」(名词种类),小说几乎都是报刊的两倍。在这个意义上,作为语言研究的对象,小说要远胜于报刊。这是因为小说涉及生活的各个方面,可谓包罗万象,而报刊则相对集中在时事、财经、体育、娱乐等方面,因此小说语料库比报刊语料库更具参考价值。

由于语料侧重的范围不同,自然与「つける」共现的高频度名词也不同,表 3 就反映了两者间的差异。

从表 3 可以看出,小说和报刊一致的名词只有 4 个,而且分布很不均匀,小说使用频度最高的是与日常生活紧密相关的名词,而报刊使用频度最高的是政治经济和体育娱乐。而且有些重要信息这

表3　报刊小说与「つける」共现名词前20位

	新聞	頻度	小説	頻度		新聞	頻度	小説	頻度
01	差	175	火	335	11	目	52	決着	37
02	打差	102	気	320	12	条件	51	話	36
03	火	86	手	164	13	道筋	38	花	36
04	注文	86	目	111	14	めど	36	名	35
05	手	76	名前	66	15	緩急	34	日記	31
06	ドル	74	口	64	16	けじめ	32	橋	30
07	決着	64	あと	64	17	大差	32	もの	29
08	力	64	電灯	46	18	保障	31	電気	28
09	弾み	60	見当	43	19	演題	28	格好	27
10	気	55	明り	38	20	競争力	28	傷	26

张表中并没有反映出来,比如同为「火をつける」,小说中主要表示点烟,而报刊中主要用于纵火和起火,如(21)(22)。

(21) 鮫島は再び煙草に火をつけた。(「新宿鮫」)
(22) 「学校に腹を立てて火をつけた」(朝日新聞 991230)

小说和报刊除了在共起名词上有很大差异,在文字书写上也大相径庭。本次调查局限于三种书写,仅就这三种书写法作一调查。

表4　报刊小说中书写法差异

	仮名表記	漢字・付ける	漢字・附ける	合計
小説	3 921(95.72%)	146(3.56%)	29(0.7%)	4 096
新聞	2 190(89.35%)	261(10.65%)	0(0.00%)	2 451

书写法最大的区别在于,报刊由于受到内阁告示的约束,不得使用「附ける」,因此,检索所得例句为零,而小说则比较自由,因为「撞ける」「点ける」「就ける」「尾ける」都不在本次检索范围,实际上小说中使用的「つける」比表2提供的数据更多。而在报刊中,以上各种书写法都被统一为「つける」或「付ける」,如(23)(24)。

(23) 彼は真賀木のあとを<u>つけて</u>カフェまで来て…(朝日新聞981101)
(24) 距離を置いて、あとを<u>尾けた</u>んですけど…(「絶対零度」)

综上所述,不同语料库之间的差异很大,所以在利用语料库作研究时,必须充分考虑到这种差异,可以使用一个构成内容比较全面的语料库来避免检索结果带来的偏差。如果没有这个条件,就只能选取文体差异对检索结果不会带来重大影响的关键词。当然这样做,研究的课题将会受到很大限制。

6. 语料库的局限性

以上分别从各个方面对语料库的应用作了介绍,但是语料库并不是万能的,除了它自身的规模和构成的内容等内在的问题之外,语料库应用还受到一些外部因素的制约,所以必须选择适合于用语料库来做研究的课题,避开语料库所不擅长的课题。

从语料库检索信息,假设这个语料库是无限大的,结果无非是两种,一种是可以检索到的,一种是不可检索到的。换言之,前者是现实中存在的例句,后者是现实中不存在的例句。对前者的理解比较简单,在更多的场合下是为了说明一个语言事实的存在。对后者,虽然不像前者那样使用频繁,但是在语言研究中仍然是不可缺少的,因为解释现实中不存在的语言事实正是为了从另一个侧面说

明现实中存在的现象的合理性。

但是,在更多场合下,研究者需要了解的是可能存在的语言现象,通过这个语言现象的检索来为自己的研究寻找旁证。但是语言研究绝对不是如此简单的,有时开展某个研究,研究者往往无法设定关键词,因而无法达到预期的目的。

比如,モノダ一般认为有规律、必须、惊叹、责难、回忆、感叹这六种用法,如刘笑明(2004)等。但也有主张增加解说的,如奥村(2005)。奥村举出以下例句:

(25) 外務省で昨年開かれたアジア地域大使会議の席で…という意見が出された。これは、昨年…ことへの強い懸念を示した<u>ものだ</u>。

奥村认为上述モノダ多用于客观报道,后句起到对前句的解说作用。不过,如果仅限于报刊的客观报道,那么是否有必要另立一类就成为问题。关于モノダ一般不另立解说一类大概就是出于这种考虑,因为它不具备普遍性。

笔者使用语料库以モノダ为关键词找到了以下例句:

(26) 久我は、小宮明宏の写真を持っている。彼の妻から借りてきた<u>ものである</u>。(「白馬岳殺人事件」)
(27) 韓国には、[中略]日本より上位の政治と文化システムをもってきた国である、という自負心がある。日本の文化のほとんどは、朝鮮半島を経由して大陸から渡ってきた<u>ものである</u>。(「嫉妬の人間学」)

以上例句与(25)结构基本相同,都是先陈述一个事实,然后对这个事实加以解说。虽然类似的例句很少,在这点上,基本可以认

定(25)(26)(27)都是表示解说的,它们的后句都可以改为「それは…ものだ」。问题是这个解说意义的产生,是基于モノダ自身的作用,还是仅仅是因为两句前后语境而产生的意义。假如是后者,那么说明モノダ自身并不表示解说。

如果要证实后者的假设是可以成立的,那么就需要寻找例句来加以证实。但是语料库在此起到的作用十分有限,因为语料库不会告诉使用者何种情况下前后两句关系表现为解说。作为研究者根本无法设定关键词,此时就完全取决于研究者对语言的把握。在此处,必须找出一个不借助モノダ也能表示对前句解说的句子,必须假设一个能够承担起这种意义的动词。这就取决于研究者本身,而不是语料库。以下是笔者能够想到的动词和动词复合表达形式。

(28) 日本文化は、自信のないのが、長所と言える文化なのだ。そして、それは、神道に<u>由来している</u>。(「古代史の結論」)

(29) 日本は古くから被統治能力の高い社会なのだ。今日の治安の良さもその伝統に<u>負うところが大きい</u>。(「日本とは何か」)

从上述例句来看,(28)(29)虽然没有借助モノダ,后句同样可以达到表示解说的作用,说明モノダ自身并没有足够的表示解说的作用。以上所有例句表现出来的解说之意,可以认为是由两句间的意义关系使然。在这点上,与(30)(31)有所不同。

(30) (生まれて初めて飛行機に乗った)あの時も、哲士は「落ちたら、死ぬかな」と隣の母に聞いたものだ。(「水の中のふたつの月」)

(31) 昼食後、瀋陽の街の見学。奉天という地名は、子どもの頃よく<u>聞いた</u>。瀋陽駅は［中略］当時の建物が多い。

(30)中的モノダ表示回忆,而(31)只是一般性叙述。作为表示回忆的モノダ不是可有可无的,他们不同于(25)(28)之间的关系,后者取决于前后语境,因此笔者对モノダ的解说功能表示怀疑。

通过上述分析,可以认为モノダ不具备表示解说的功能,但是这个研究的关键部分却不能求助于语料库。这说明语料库只是一个工具,它并不能代替我们的思考,并不能提供我们所需的关键词。(28)(29)这样的例句,完全依赖于研究者对语言的掌握。这也证实,对于某些研究,语料库并不适合,避开这样的研究课题是才是最佳对策。

以上就「ものだ」探讨了语料库的局限性。语料库归根结底是工具,如何设置关键词决定了语料库使用的成败。但不是说可以检索到大量数据,就能一劳永逸,有时候数据并不能决定研究的成功,关键还取决于该研究进展程度如何。

比如有关「がおわる」「をおわる」的异同自20世纪60年代就有论文提及,但是至今仍无一个令人信服的结果[①]。为此笔者利用语料库搜集了10 000条例句,试图从各种角度对此进行分析,从而找出两者的差异。调查的结果在一定程度上可以向我们展示这两个动词的某些不为人知的特性。比如就使用的形态而言,有「がおわる」「がおえる」「をおわる」「をおえる」「をおわらせる」5种形态。而且,其中「をおえる」有4 782例,「がおわる」有4 741例,两者约占总数的96%。但是对其中的「がおわる」和「をおわる」做出合理的解释始终是个难题。

---

① 参见水谷(1964)。

对于这两个动词,水谷(1964)关注的是以下句子。

(32) これで、今日のお話を終ります。
(33) これで準備が終った。

在(32)中,「おわる」作为自动词却用了格助词「を」,该如何解释这个「を」呢?「をおわる」在整个数据中占了 382 例,虽然相对于「がおわる」的 4 741 例并不算多,但是既然存在,就有其合理性,就必须对两者的区别做出解释。然而依据目前的格助词和自他动词研究的成果,依然难以做出令人满意的解释。对(32)(33)可以从是否反映了话者的意志来加以解释。从这个角度来观察,(32)因为表示话者意志,而被允许使用格助词「を」,但这样的解释很容易被(34)这样的反例推翻。

(34) 本記録は十月十日より始め、同十九日にこれを終わった。(「文芸春秋」にみる昭和史)

至于以下例句要解释两者非谓语用法的差异就更为困难了,它们都表示谓语动词实现的状态。

(35) その日の仕事を終えて、再びステーションホテルへ戻った。(「東京駅で消えた」)
(36) 仕事が終わって直ぐに病院へ駆けつけました。(「天国の我が子へ、そして子供たちへ「見てるか、お父さんを」」)
(37) 男たちが仕事を終ってカフェに入ってきた。(「霧の聖マリ」)

为了了解这两个动词的实际使用状况,笔者对「をおわる」「を

おえる」主要分别和哪些名词搭配作了调查,调查结果如表5。

表5 「をおわる」「をおえる」高频度搭配词

をおわる	一生	食事	仕事	人生	～回	～番	～目	前半	～会	～戦	種目	生涯
	19	15	13	11	9	9	8	7	6	5	5	4
をおえる	取引	日程	仕事	会談	作業	～目	役割	訪問	～戦	手続	～式	食事
	467	196	193	101	74	66	63	61	59	52	51	44

从表5可以看出,两者还是有所区别的。作为大致的倾向,「をおわる」把前面的名词作为一种过程来对待,如「一生」「前半」[①],而「をおえる」则把前面的名词作为一种动作对象来对待,如「取引」「作業」。因为前者的名词都可以表示过程,而后者的名词都表示具体的内容。但是这个结果并没有对(32)的存在提供有力的证据,对于解释(35)(36)(37)也显得苍白无力。表5显示的数据并不能有效地解释(32)(33),那么这两个动词的不同形态是否会影响他们的自他性质呢?于是笔者对数据进行了进一步的深入分析,把这两个动词出现的形态归纳为10种,试图从其他角度对这两个动词进行分析,统计结果如表6。

表6 各动词形态统计

キーワード	合計	する。	した。	すること	したこと	するとき	したとき	して	すると	したら	しても
をおえる	4 782	57	1 128	14	928	13	318	2 206	72	23	23
がおわる	4 741	209	444	222	204	345	655	1 452	708	405	97

---

① 这使人联想起「一生を送る」「一生を過ごす」这样表示经过的他动词用法。

表 6 充其量反映了作为后续动词的修饰语的用法要多于作谓语的用法,这仍不能为(35)(36)(37)的差异提供任何有价值的线索。

上述表 5 和表 6 的数据显示,在当一个问题本身研究尚未达到一定高度时,即使是有大量的数据,从各个角度进行分析,也难以起到决定性的作用。这样的数据再多,也只是一堆凌乱无序的文字资料而已。通过语料库的调查,充其量只是大致了解了这两个动词的使用现状,更加明确了问题的所在,未必能提供直接的有益的线索。最终有关这两个动词的研究还有待于对自他动词或者是意志动词、非意志动词的研究本身的进展。

7. 结语

以上介绍了如何利用语料库来从事语言研究。语料库为我们的语言研究提供了广阔的天地,与此同时,语料库又不是万能的,要受到各种条件制约。比如语料库的规模、构成内容、文体特征、时间跨度等来自语料库自身的问题,也有来自研究对象的问题,有些课题不适合使用语料库来研究,关于这点在上文已提及。

对研究课题,语料库的应用可以设定为两个层次,一个是仅用语料库来检查是否有某个语言形式,或者获得与此相关的一些信息,比如上述标点符号的使用现状。这是语料库应用的低层次运用,这种信息不能为我们带来新的创见,对教学研究则有一定的辅助作用。在从事论文写作时可起到选择或是确认例句的存在和妥帖与否的作用,所以仍不失为一个有效的工具。

语料库的高层次应用取决于有无崭新的创意,比如后文中的动词的自他性(即及物动词和不及物动词)的连续性研究。一般认为,日语动词的自他性是除极个别两用动词外,一般是非此即彼的,即不是自动词就是他动词,而且他们往往是成对的,如「始まる—始め

る」,对相当部分的动词而言,形态上的特征就决定了这个动词的自他性。然而,世界上的事物往往不是非此即彼,而是连续的、渐进的。从这个视角来看待动词的自他性,就必须突破形态上的约束,而选择「自由化する」这样的派生动词。因为这样的动词从形态上无法观察它的自他性,因此对这个动词的词性的认识因人而异。选择非形态约束动词来研究动词自他性的连续性,就是该论文的创意。

事实证明,利用语料库检索大量的「～化する」用例,并根据在句中的自他性的表现,可以在一张图上按照自动词到他动词性质变化程度排列动词,就可看到这些动词自他性逐渐变化的对称曲线。如果语料库的规模更大,选取用于对比的动词更多,这根曲线的变化将更加平缓,更能完美地说明自他性的过渡性。这就打破了迄今为止有关日语自他动词非此即彼性质的学说,成为在研究动词自他性时的有力的参考[①]。

本书所刊登的文章都是根据历年来笔者在各种学术刊物上发表的论文改编,涉及范围很广,有日语中表示语气的复合谓语形式,也有动词研究,还有日语连体词、形式名词、前后缀、甚至包括日语教学的语法体系和利用语料库编写基本动词例句词典的设想。这些范围远远超出了笔者本来的研究范围——复合助辞(即复合的助词助动词)。所以有些课题,比如连体词研究不得不从头学起,搜集研读大量的相关文献,最终完成该研究(也有些论文和研究生合作)。而且由于是基于语料库的研究,所以研究兴趣广泛,不可能一直停留在某个领域,所以每篇论文到达的程度可能有限,但是几乎所有的论文都留下了供读者思考的空间,比如从事语气研究的读者或许可以从沿着拙文提出的后续问题继续做下去。

本书试图通过一些语料库研究的具体成果,给有同样兴趣的读

---

① 参见戴宝玉(2005)(2011)。

者提供一个参考，意欲说明语料库研究只要使用得当，还是大有前途的。最后对在本书作者漫长的教学研究生涯中，在语料库建设，资料搜集，论文写作等方面给予本书作者多方帮助的研究生和教师以及其他相关人士表示诚挚的感谢。

参考文献

　　徐一平：2002，《关于〈中日对译语料库〉的研制和应用研究》，《中日对译语料库的研制与应用研究论文集》外语教学与研究出版社。

　　戴宝玉：1987，「複合助辞『にしても・にしろ・にしたところで』—接続助詞と限定助詞との関連—」，『日本語教育』62。

　　田野村忠温：1995，「日本語研究の限界」，『日本語学』14—4。

　　米川明彦：1996，《現代若者ことば考》，丸善ライブラリー。

　　劉笑明、吉田則夫：2004，「『ものだ』と『ことだ』の意味・用法——感情表現を中心に」，岡山大学教育学部研究集録　第127号。

　　奥村徹：2005，解説の「ものだ」と説明の「のだ」，東京外国語大学留学生日本語教育センター論集31。

　　水谷静夫：1964，「話を終わる」と「話を終える」，『口語文法講座3——ゆれている文法』明治書院。

　　戴宝玉：2005，关于派生动词《～化する》的自他性，《日语学习与研究》3。

　　戴宝玉：2011，派生動詞「～化する」の自他連続性に関する一考察『世界をつなぐことば』，三元社。

语言的第二次信息与
复合助动词ノダ及相关研究

1. 何谓一次信息

如今信息一词已融入了日常生活,语言研究亦不例外。何谓信息?《现代汉语词典》指出"指用符号传送的报道,报道的内容是接收符号者预先不知道的",韦氏大辞典说"知识或情报的传递或接收。即可传递的事实,不同于整套思想或知识中的事实……"

信息传递的手段不限于语言,但不可否认语言是传递信息的最主要手段。根据上述意义,眼前的一景一物映入我们的眼帘,引发我们对外界的关注,这种关注可解释为从外界接受了一个信息,这个信息成为我们对这个世界理解的素材,可称之为一次信息。然而人对世界的认识不停留在对信息的简单的接受上,人们还会对这种一次信息进行分析判断,赋予一种新的意义,这种以一次信息为素材加工产生的新的信息,本文称为二次信息。人们对世界的认识就是基于这种一次信息和二次信息的反复交替而得以实现的。

语言是一个完整的表达信息的体系,不同语言有各自独特的表达手段。虽然一次信息和二次信息以及它们相应的表达普遍存在于各种语言,但是各种语言的表达手段却是不同的,当作为外语的语言中存在某种表达手段,而作为母语的语言中缺乏这种表达手段时,就会给学习外语带来很大的困难,日语的ノダ成为中国学生学习上的瓶颈,就是因为汉语中对二次信息缺乏相应的表达手段。

此外，迄今为止很少有人将语言和信息结合起来进行研究，也是加重了对ノダ习得困难的重要原因之一。据笔者所知，对于语言信息的研究主要集中在语言的物理应用上，比如语音感知、语音分析、语音合成等[1]，如何在外语教学研究中引入信息这个概念还是一种新的尝试。

在日语教学中怎样对待ノダ，始终是一大难题，诚然从现象上可罗列一大堆说明，诸如原因的说明、某个前提引出的结论、话题的展开、对事实的强调等[2]，有的列举ノダ的用法多达十多条[3]。由于缺乏一个贯穿所有用法的一个基本原理，对ノダ的用法的解释少则容易疏漏，多则流于繁杂，难以掌握，所以寻求一个可以统一解释ノダ的原理，成了当务之急。

鉴于上述情况，本文试图从信息这一新的角度重新审视对以ノダ为代表的、构成日语句末谓语的表达形式，而这种表达形式多由数个词复合构成，因此本文成其为复合助动词，提出ノダ的本质在于表示二次信息，日语中具有多种表示二次信息的表达手段。

2. 一次信息的表达特征

可以说在具体的语言活动中，语言的一次信息是最基本的，二次信息只有在作为素材的一次信息的基础上才得以成立。在这个意义上，除非是为了获得一种特殊的表达效果，各类文章的开头一般都是为下文展开提供新信息的，这种知识当属一次信息。以下以大家所熟悉的小说为例。

(1) 国境の長いトンネルを抜けると雪国であった。夜の底が

---

[1] 马大道(1987)。
[2] 森田良行(1989)。
[3] 顾盘明(1996)。

白くなった。信号所に汽車が止まった。向側の座席から娘が立って来て、島村の前のガラス窓を落した。雪の冷気が流れ込んだ。娘は窓いっぱいに乗り出して、遠くへ叫ぶように、「駅長さあん、駅長さあん。」(川端康成「雪国」)

以上是小说《雪国》的开头,向读者传递了特定的时间地点人物等信息,这些信息简单明快,层层叠加,他们对读者来说都是未知的一次信息。从句子的表达功能来看,这些句子都由较为简单的助词、助动词构成。句末的助动词仅仅限于表示时态、肯定否定等简单的语法范畴。虽然这类句子也常见于文章的其他部分,但这种简单谓语句集中出现在文章开头,仍从一个侧面反映了一次信息与句末谓语的特征。

提供一次信息的另一典型是剧本,在剧本中甚至可不必使用完整句子而达到介绍背景知识的目的,如(2)。

(2) 伊勢.田倉商店.店(昼)
　　表にオート三輪が止まり、仁と希望が野菜を降ろして、店先に並べている。希望、オート三輪の荷台を見て希望「あれえ、魚残ってるじゃないか、今日はいつもより多く仕入れたのか」(橋田寿賀子「おしん(四)戦後篇」)

在这里,时间地点以人物等一次信息的传递之简略,达到了登峰造极的程度,有时甚至只是些名词、以名词结句的所谓的「体言止め」或一些简单的句子。

一次信息比较集中出现的另一典型是电视电台的新闻报道,从媒体的职责是将信息客观地转达给受众这一点而言,这是理所当然的,因此报道经常出现「…事件がありました」,而不可能出现「…事

件があったのです」，后者ノデス是表示二次信息，而二次信息是对一次信息加工的结果，当然不宜出现在媒体报道中。

　　一次信息的句子虽多见于文章开头，但只要传递的信息属新的首次披露的信息，都可视为一次信息。比如对突发性事物的认识，或者就话者首次表明的意志等①，这些句子结构同样很简单。比如用「あっ」和「さあ」为关键词从语料库检索例句，可以发现后续表达都是表示简单的一次信息的句子。试看以下例句。

　　(3) あっ、<u>焦げる</u>。(岸田葉子「女の底力捨てたものじゃない」)
　　(4) あっ、<u>すみません</u>。(東野圭吾「名探偵の掟」)
　　(5) さあ、<u>やるか</u>。(群ようこ「いいわけ劇場」)
　　(6) さあ、もう<u>行きな</u>。(冬佳彰「泥と雪」)

　　突发性事物事出意外，在此前人们是无法预料，话者首次表明的意志在此前也无法为人所知，因此这些都可以认为是一次信息在会话或文章中的具体表现。

　　一次信息的另一个重要特征就是它们在表达比较简单，没有特定的表达手段，大都为以上例句所反映的较简单的表达手段，只涉及一些简单的语法范畴，比如肯定否定，现在过去等，因此对非母语者来说，掌握一次信息的表达并不困难。

　　以上初步分析了一次信息，有关一次信息的定义以及它的表现形式，目前对它的研究还处于摸索阶段。尽管目前阶段对一次信息所知不多，但笔者认为它对理解日语某些至今尚未解开的复杂的语言现象仍不失为一种有效的手段。

---

① 田野村忠温(1990)。

3. 二次信息的表达特征

从以上观察可知表示一次信息的句子结构都比较简单,然而涉及表示二次信息的句子,情况就比较复杂。

在本文中二次信息主要指以ノダ为代表的复合助动词,以及ノダ的变体的ノカ、ノダロウ、ノダカラ、ノデハナイカ等,除此以外还包括ヨウダ、ソウダ、ワケダ、ラシイ这样的一般被称为助动词的表达形式。前者由若干个传统意义上的词构成,在以往的语法体系中往往被肢解对待,因而也就失去了从本质上对它们一并加以观察的机会,很少有语法书提及它们。

当我们从信息这一新的角度来观察时,就可发现它们不但在本质上都建立在一次信息之上,而且它们在形态上亦有相当的共同点,这就是它们中大部分都是由形式体言加助动词ダ构成的,除了ノダ之外,还有ワケダ、ハズダ、トイウコトダ等。

如同一次信息的定义一样,目前还缺乏对二次信息的全面的观察和严格定义,以上所举表达形式只是笔者所能观察到的比较典型的例子。然而实际语言现象的任何分类都不可能是简单划一的,在本质性的事例周围总是分布着一些与其他分类接壤的中间地带、周边用法或是例外,表示二次信息的复合助动词也不例外。比如从职能来说,ノダ除了表示本文所说的二次信息的用法外,还有其他的延伸的用法,由于篇幅关系本文的观察只限于ノダ本质的用法。从形态上来说,ラシイ、コトニナル之类的助动词并非由形式体言和ダ构成,但却可表示与ノダ同样的职能。

二次信息必须以一次信息为自己的素材,一般一次信息大都以句子的形式来实现的,但是也的不借助句子形式。借助特定的场景而不借助句子形式也可以表达一次信息,这种「語られざる部分」尤其容易引起非母语者的误解。

山下秀雄①中的一段插曲很有说服力,以下部分摘出以供参考。

(7) お花見のころのことでした。ぽかぽかとこころよい上野公園を歩いてきたふたりづれがありました。ひとりは日本人青年、もうひとりは外国人。ふたりが駅を見下ろすと、雪国からの上がり列車が屋根に白いものをのせてはいってきます。
　　「ああ、寒いんだなあ」
と日本人が言うと、外国人は青年の顔をのぞきこみながら、
　　「え、寒いですか。アナタ、熱がありますか。」

如前所述ノダ表达的是二次信息,以一次信息为基础。不过在这儿一次信息以「語られざる」形式存在,日本人并未将所见情景以语言的形式告诉旁人。身旁的外国人之所以产生误解正是由于混淆了一次信息和二次信息的区别。

「寒い」表示的是话者自身的感受,他人无从得知,应属一次信息,而「寒いのだ」则是话者根据眼前列车上的积雪这个一次信息推测得到的判断,是对以此信息加工的结果,因此它当属二次信息。「彼は寒いです」「彼は行きたいです」之所以作为日语不自然,一般必须说成「彼は寒いのです」或「彼は行きたいのです」,原因大概就在于他人的内心的感受如果不外露,这种信息第三者是无从了解的,因此第三者只能通过对方表露出来的言行态度来加以判断,而判断的结果必须用ノダ,以区别于一次信息。从这段插曲可以看出ノダ作为复合助动词,尤其在一次信息不用语言来表达时,对外国人的习得非常困难。

---

① 山下秀雄(1979)。

当然一般表示二次信息的例句是可以从前后文中找到表示一次信息的线索的，如：

(8)「そんな言い方をする<u>ところを見ると</u>、君たらには相談せず彼一人の考えでこれを書いた<u>んだ</u>ね」（清水嘉範「不透明人間の挑戦」）

(8)的前半句「そんな言い方をする」是说话者对事实的观察，它属一次信息，而后半句则是根据一次信息作出的二次判断。从形式上来说，前后两部分表现为事实与由事实推测得出的结果，连接这两部分的是トコロヲミルト。在这儿显然ノダ是不可缺少的。对二次信息处理还表现在ノダ的诸多变体上，诸如ノダロウ、ノダカラ等。

(9) 加奈子が無事でいる<u>ところをみると</u>、その後容疑は晴れ<u>たのだろう</u>。（多崎川恭子「詩集を買う女」）

(9)同样由表示一次信息的前句和表示二次信息的后句组成，如果排除推测的要素，本句亦可说成「晴れたのか」「晴れたのかもしれない」。在这个意义上ノダロウ只是ノダ和ダロウ相加而成，ノカ只是ノダ和カ相加，ノカモシレナイ只是ノダ和カモシレナイ的相加，这样我们就可以举一反三，用用一个原理来解释ノダ的各种变体。那么，日常随处可见的ノダカラ是否也是ノダ和カラ的简单相加呢？

关于ノダカラ，佐治[①]曾举中国留学生作文中的「胡さん、もうすぐ帰国なさいます<u>から</u>、遊びに来てください」这一病句，并对此

[①] 佐治圭三(1981)。

作了以下评述。

　　ここは話し手のAさんが、当の胡さんから聞いて「胡さんの帰国される」ことを知ったのだから、そのことの判断は話し手の責任以外のところで成り立っているものである。その事情を表すために「帰国なさるのですから」という形式が必要になるのである。

　　ノダカラ虽然随处可见，但教科书对此往往敬而远之，教师也缺乏有效的指导方法。佐治先生认为回国与否是当事人自身的事，他人无从了解，为了表示这种判断与话者无关必须用ノダカラ。这种解释似乎还不够全面，比如在说明以下例句时就可能相当困难，因为在以下例句中作出判断的当事者正是话者本人。

(10) これはSF作家であるぼくが責任を持ってそう予言する<u>のだから</u>間違いない。(筒井康隆「狂気の沙汰も金次第」)

　　由此可见与话者的主观有无联系似乎还不是区别ノダカラ和カラ的主要依据，那么，从信息这个角度来观察ノダカラ结果又如何呢？试比较以下例句。

(11) 「ここが一番にがやかな通りに出る路です。中世時代の時計台がある<u>から</u>、明日にでも見物するといい」(遠藤周作「留学」)
(12) 「きみだって、あしたの勤めがある<u>んだから</u>、早く帰ったほうがいいんじゃないか」(都築道夫「悪魔はあくまでも悪魔である」)

在上述两句中，前句中，中世纪钟楼对新来者来说在此以前是无从了解的，它属一次信息，因此只能用カラ。这样的例句在日常生活中俯拾即是，比如「寒いから窓を閉めましょう」。而在后句中，不难发现它们都是建立在双方对某个信息的共有上的，无论是「胡さんの帰国」这一事实还是「勤めがある」这一事实都已作为共同的知识存在于双方说话之前。换言之，话者正是根据这个共有的信息来展开自己的叙述的，这个一次信息可以是发话以前双方涉及的话题，也可以是虽未涉及但作为一般常识众所周知的事实。由此可见ノダカラ仍然可以援用ノダ的有关二次信息处理这一原理加以解释，这也是カラ与ノダカラ的最为重要的区别。

最后简单地提一下ノデハナイカ。ノデハナイカ一般认为表示婉转表达，如果是婉转表达，那么它与推量同属语气表达，ダロウ也可表示婉转，然后它和ダロウ是不同的，从原则上来说它必须建立在一次信息基础之上。这点在以下例句中尤为明显，在(13)中一次信息的依据表现为「昨夜の話しぶりでは」，而(14)只是单纯的推量或确认。

(13) 昨夜の話しぶりではね。大体あの人は、そういうちょっと現実離れしたような話が好きなんじゃないかな。（夏樹静子「東京駅で消えた」）

(14) もっと本能的に考えてもいい。おまえは美人が好きだろう。（吉村達也「ふたご」）

4. 二次信息与其他表现形式

如果从二次信息处理这个角度来观察日语谓语，就可发现参与二次信息处理的语法形式决不限于ノダ，它还包括其他的复合助动词，甚至包括在所谓学校语法中早就被认定的助动词ヨウダ、ソウ

ダ、ラシイ。通过以下观察可看出三者无论从形态还是职能与ノダ都有相同之处，篇幅有限仅举以下例句。

(15) 頬を紅潮させているところを見ると、多少、興奮しているようだった。（笹沢左保「妾の連れ子」）
(16) 制服を着ていないところをみるとヒラの警備員ではなさそうだ。（落合信彦「狼たちの世界」）
(17) コンパスや定規を使っているところを見ると、どうやら工学部の学生らしい。（遠藤周作「ボクは好奇心のかたまり」）
(18) 孝宏の口が次第に軽くなってきたところをみると、それだけ警戒の色がうすれてきたということだろう①。（志水辰夫「負け犬」）
(19) 「ううん」「おや。うなってるところをみると、まだその実感はないわけか」（かんべむさし「課長の厄年」）

　　以上例句中最为人熟悉的是所谓比况助动词的ヨウダ，它用法较多，笔者认为从本质上来说它仍是一个表示二次信息处理的助动词。很难想象一篇小说或者剧本会唐突地以ヨウダ这样句子作为开场白，它也必须基于一次信息的存在才能成立。从这点上来说，所谓的样态助动词ソウダ也不例外，如(16)。(17)(18)句末的表达形式虽然在词典或语法教科书难觅踪迹，但是，他们都是表示二次信息这一点，只要看句中都有トコロヲミルト就不难理解了。

　　在诸多复合助动词尚未得到认可的今天，ヨウダ、ソウダ、ラシイ早早被吸收进助动词应说是幸运的，不过从未有人从二次信息这个本质上理解这些助动词，因此虽然有许多研究论文，都觉得有隔

---

① 关于トイウコトダ，参见戴宝玉(1996)。

靴搔痒之感觉,对它们之间的意义辨析帮助不大,对初学者来说也难以正确运用。

当然,由于语言是约定俗成的,因此不可能没有例外,从与トコロヲミルト的共现形式来看,也有不少可以用于一次信息的表达形式,如下表。

表1　与トコロヲミルト共现的句末表达形式前14位

らしい	のだ	のだろう	のかもしれない	ゼロ	ようだ	だろう	にちがいない	おもえる	のではないか	そうだ	かもしれない	とみえる	ということだ
72	65	52	39	38	30	21	19	17	11	9	8	6	6

表1的统计来自本人搜集到了412句トコロヲミルト的例句,其中的ゼロ指(20)这样的句末表达形式与一次信息没有区别的句子。

(20)「馬鹿なことをいうな」「本気で怒っているところをみると、お前も気が<u>ある</u>な」(渡辺淳一「パリ行最終便」)

表1所举的表达形式包含了许多问题,比如既有ダロウ,又有ノダロウ,既有カモシレナイ,又有ノカモシレナイ,它们本来是分别用来表示一次信息与二次信息的,此外还有一般不认为是句末表达形式的「思える」「と見える」,ゼロ与后者实际上也只是数量上的差异而已,但是他们在这些句子中都是表示二次信息这点,是毫无疑问的。以上事实暗示着二次信息和一次信息在句末表达形式上应该是有区别的,但是又不是绝对的,某些情况下是可以省略表达二次信息的特有的表达形式的,只是目前对影响这种取舍的机制尚不明了。由于对于二次信息的省略,不是本文的目的,所以在此不

与深究,但是二次信息表达形式的多样性,连续性无疑对日语语气研究是一个非常有价值的研究课题。

5. 结语

以上从二次信息处理的角度对日语中难度较大的表达方式作了一番粗略观察,通过观察发现ノダ和原有的ヨウダ、ソウダ等可置于同一平台,用一个更为简单明了的统一原理加以把握。当然,如前所述不论哪个复合表达方式从现象上来说都有许多周边用法,但如果仅限于它们的本质的用法,可以说本文的观察对此类助动词的理解是有帮助的。

由于篇幅及时间的原因有许多表达方式未能涉及,如ノダ出了以上表示二次信息的用法之外,还有近似于终助词的用法;作为提示一次信息的表达方式,除本文提及的トイウトコロヲミルト之外,还有何种其他的形式,都没有涉及。田野村忠温(1990)将ノダ的用法归纳为「背後の事情」和「ある実情を表す」,如果对细节忽略不计,那么,前者大致相当于笔者提出的二次信息处理的助动词用法,而后者相当于以上言及终助词用法。两者之间的区别,以及它们之间的连续性等,许多问题有待今后的不断探讨。

参考文献

马大逌:1987,《语言信息和语言通信》,知识出版社。
森田良行、松木正惠:1989,《日本語表現文型》,アルク出版。
顾盘明:1996,《准体助词「の」+「だ」的应用》,对外经济贸易大学《日语学习与研究》2。

田野村忠温:1990,《現代日本語の語法1》,和泉選書。
山下秀雄:1979,《日本のことばとこころ》,講談社。
佐治圭三:1981,「ノダの本質」,对外经济贸易大学《日本语学习与研究》3。
戴宝玉:1996,《トイウコトダ与表示解说的复合助动词》,对外经济贸易大学《日语学习与研究》3。

ノデハナイ与否定

1.0 序言

距今20年前,日本的国立国语研究所出版了『日本語教育の評価法(日本語教育指導参考書6)』一书,该书260页的试题中涉及ノダ的否定,摘之如下。

一、意味を変えないで(　　)の中のかたちに直しなさい。
(1) 新聞が読みたかったのです。(打ち消し)

上述试题的答案可有两种,即:

(2) 新聞が読みたくなかったのです。
(3) 新聞が読みたかったのではありません。

这两种答案虽然都没错,但是意义并不同,也就是说,其中必有一种答案与出题者的标准答案不符。这道试题向我们提出了一个问题,ノダ的否定的本质是什么？ノダ否定的对象又是什么？
ノダ的研究近年来颇受注目,关于ノダ本身已经开始有了较为一致的看法,然而在一些细节问题上却是诸说纷纭,ノダ的否定就是其中一例。本文在对ノダ和ノデハナイ的研究做一个大致回顾后,对ノデハナイ的本质以及它所否定的对象提出了一些不成熟看法。

2.0 研究史

以下各种研究分别从不同角度探讨了ノデハナイ的否定的本质以及否定的对象。其中,最早的首推寺村秀夫。寺村(1979)认为,ノダ是表示后句对前句的说明的,因此,ノデハナイ就是对这种说明的否定[①]。

(4) キノウハ電話シナクテスミマセン。
　　忘レテイタ<u>ノデハナイ</u>ノデスガ…
～ノデハナイというのは、AをBと結びつける考え自体を否定する表現だ。つまり、ムードの否定である。

久野章(1983)的研究侧重于ノデハナイ的否定对象,认为ナイ的否定的范围局限于谓语,如果要否定谓语以外的成分,必须借助于ノデハナイ。

(5) 君は終戦の年に生れたのか。
　　いや、終戦の年に生れた<u>のではない</u>。

也就是说,在(5)中通常ナイ否定的对象只能是就近的动词,由于ノデハナイ的介入,否定的对象不再是「生れた」,而是「終戦の年に」。但这种说法无法解释以下只有谓语构成的句子。

(6) 「あ、買った<u>んじゃない</u>よ。借りた<u>んだ</u>」

小金丸(1990)举(6)为例,认为在此句中,ノデハナイ否定的对

[①] 以下例句凡无出处者,均为原论文作者的用例。

象是动词的词意部分,即「買っ」「借り」,修正了久野的说法,不过这种将意义和形式割裂开来的做法值得商榷。

工藤(1997)将以下(7)(8)分别称之为「説明の否定」和「言葉づかいの否定」。前者与寺村的「ムードの否定」大致相同。工藤还指出ノデハナイ的特征是,①「単独ではディスコース上不完結」,②(7)表示「先行文の内容に関わり」、(8)表示「先行文の言語形式に関わる」。关于否定的对象,则认为包括谓语在内的所有的成分都能成为否定的对象。

(7) 太郎が会社に来ていない。やめた<u>のではない</u>。出張している<u>のだ</u>。
(8) 太郎が会社をやめた。いや、やめた<u>のではない</u>。やめさせられた<u>のだ</u>。

戴(2000)举出以下例句,认为(9)无法确认否定的对象,而(10)又与久野的观点恰好相反,否定的不是谓语以外的成分而恰恰是谓语本身,根据这两点,认为ノデハナイ否定的不是特定的对象,而是包括谓语在内的整个事态,即不是部分否定,而是整体否定。

(9) シゲ子と愛犬が昼寝をしている<u>のではない</u>ことは、一目で判った。
(10)「あれはシャッターを開けた<u>んじゃなくて</u>閉めてたんです。」

由于戴(2000)当时参考的文献有限,对整体否定没有深入探讨。本文是对戴(2000)的补充和发展。

3.0　ノダ与ノデハナイ

ノデハナイ与ノダ的关系密切,因此了解ノデハナイ必须先从

了解ノダ入手。

关于ノダ近年来发表的论文颇多,仅举主要论文就有佐治(1981)、山口(1983)、国広(1985)、小金丸(1990)、田野村(1990),如果忽略细节,对其本质正在形成一种共识。据笔者的理解,一般认为ノダ表示根据某个事物进行推断而得出的结果,因此ノダ句可以分为两个部分,即推断赖以成立的根据和推断得出的结果①。

戴(2000)举以下例句,从不同的角度对ノダ进行了分析。

(11) 私は答えなかった。答えられなかった<u>のだ</u>。(公園)

例(11)是典型的ノダ句,由两句构成。前者为 S1,后者为 S2。S1 表示的是客观事实,针对同一事实的判断基本不会因人而异,因为事实是俨然存在无法改变的,而 S2 的特征表现为对 S1 的推断的结果可以因人而异,可有多种选择。以下例句就是对(11)的 S1 的不同结果。

(12) 私は答えなかった。答えようがなかった<u>のだ</u>。
(13) 私は答えなかった。答えたくなかった<u>のだ</u>。

上述例句中 S1 是推断的原始素材,它所表示的内容可称为一次信息;S2 是在 S1 的基础上推断所得到的经过加工的结果,从这个意义上可以称为二次信息。一次信息在句子中没有特别的表现形式,二次信息却可以有ノダ等其他的特定的表现形式②。

---

① 从这个意义上来说,(1)的出题是欠妥的,它只有结果而没有提供依据。类似现象常见于各种教科书等参考书。
② 戴宝玉(1999)曾调查过与トコロヲミルト相呼应的句末表现形式,ノダ,ラシイ,ヨウダ等都以很高的频率出现,表明它们都是最常见的表示二次信息的形式。

不过并不是所有的ノダ都表示二次信息,有时也可以观察到以下用法,在此处,ノダ的使用并不以客观事实为前提。

(14)「きみ、両親は?」
「母親が田舎にいる<u>んです</u>」
「お父さんは?」
「戦死した<u>んです</u>」(女の顔)

根据上述事实,戴(2000)认为ノダ大致可以分为两种。从二次信息可以反向推导出一次信息的ノダ是助动词,而这种反向推导不能成立的则属终助词。两者的区别在于前者依赖于句子前后关系而存在,而后者依赖于会话展开的特定场面而存在。不过这两者的区别不是泾渭分明,目前尚缺乏有效的手段来甄别。

对此,小金丸(1990)将ノダ分为表示语气的ノダ(ムードのノダ)和表示范围的ノダ(スコープのノダ),但是笔者认为这种分类无法对以下例句做出合理的解释。

(15) 私は観光などしない。(a) 嫌いな<u>のではなく</u>(b) 面倒臭い<u>のだ</u>。(村上龍全エッセイ1987-1991)

根据小金丸的说法,如果将(15)简化,只取 S1 和 S2a,那么这个 S2a 就是表示范围的ノダ,如果只取 S1 和 S2b,这个 S2b 就是表示语气的ノダ。

如果将(12)(13)这样的例句合并为一句,就可以得出(16)这样的例句,和(15)非常相似。其中的 ab 只是针对同一 S1 的不同的选择,由此可见将两个处于互补关系的成分分别划分成表示语气地ノダ和表示否定范围的ノダ(实际上是ノデハナイ),与事实不符,显得有些牵强。

(16) 私は答えなかった。答えたくない<u>のではなく</u>、答えようがなかった<u>のだ</u>。

笔者根据二次信息可以有多种选择的这种特征,认为ノダ只是表示多个推断结果中被选中的选项,而ノデハナイ则是表示未被选中的选项。即ノデハナイ和ノダ处于选择和非选择的关系,而不是通常意义上的简单的否定。就(15)而言,b是直接选中的选项,而a则是间接选中的选项。两种选项有主次之分,只有在有必要时才会出现ノデハナイ。根据这种立场,下文使用的否定这一术语包含上述非选择意义在内,不局限于通常意义上的否定,是一种广义的否定。

ノデハナイ和ノダ既然处于互补的关系,两者往往同时出现在句中。又因为有主次之分,所以ノデハナイ单独出现的句子很少见。而且未必始终和ノダ成对出现,有时合往往以其他形式来表示句中的b,如(17)。

(17) 「上げるって言っている<u>んじゃない</u>のよ。貸すだけよ」
(女の椅子)

4.0 ナイ与否定

既然谈到ノデハナイ,当然不可避免地要涉及表示否定的ナイ。本文篇幅有限不可能涉及ナイ的各个方面,此处只限于探讨ナイ的否定是整体否定还是局部否定这一问题。目前大部分学者似乎都倾向于局部否定,只是关于具体否定哪个部分,则各执一词。

久野(1983)认为:

日本語の否定辞「ナイ」と疑問助詞「カ」のスコープは極めて狭く、通常、その直前の助詞、形容詞、「Xダ/デス」に限られる。

因此,作为对(5)的回答,如果说成「終戦の年に生れなかった」,被否定的是ナイ就近的「生まれ」这一部分,此种句子不符日语的习惯。如果要否定「終戦の年に」,必须要借助ノデハナイ。

不过,也有学者都认为ナイ如果借助副助词ハ,也可以使ナイ的否定对象从就近的谓语移至含ハ的句子成分。如原口(1977)就指出:

一般的に言えば、否定文では、否定される要素を明示するために、その要素に「は」を付与する。

久野(1983)中也有类似的论述,在此不一一介绍。关于ハ的提示否定对象的问题,将在后文中继续探讨。至此,至少上述观点在以下两点上多数学者是趋向一致的,即:
（Ⅰ）ナイ的否定是部分否定。
（Ⅱ）否定的对象可以是包括谓语在内的其他成分[①]。

5.0　关于ノデハナイ的否定对象

关于ナイ的否定,虽然在否定的对象这一点上,意见分歧,但在局部否定这一点上是趋于一致的。对于ノデハナイ,久野和小金丸显然是主张局部否定的。工藤(1996)举出(18)并指出在(18)中,被否定的是「用があって」这一局部,在ノデハナイ句中,被否定的部分可以是「語彙的意味、ヴォイス的(ムード的)側面、格関係を表す義務的要素、副詞、従属文の任意的要素」,最后补充说除了含ハ的成分外,所有的成分都可以成为被否定的对象。由此可见,工藤也是主张局部否定的。

---

① 工藤(2000)举「めずらしく社長は会議で自分の意見を強く主張しなかった」为例,指出不用ハ也可以否定谓语以外的成分,不过,本文不探讨这个问题。

(18) 用があって行った<u>ノデハナイ</u>。

那么,ノデハナイ究竟是局部否定还是整体否定呢?

5.1 ハ的介入与否定

如前所述,ハ可以介入ナイ句中表示否定的对象,工藤举出以下两例句,并在否定的对象部分加上了旁线,说明两句否定的对象分别为「日本語で」和「強く」。

(19) 「ぼくの研究は<u>日本語では</u>一切発表していないんだ。」
(20) 「大丈夫だ。<u>強くは</u>殴られなかった。」

但是在ノデハナイ句中,根据笔者对大量数据的调查,除了表示主题的ハ以外,没有发现ハ介入ノデハナイ句的例子。试看以下例句。

(21) 教育は学校で始まった<u>のではない</u>。いわゆる学校のない時代でも教育は行なわれていた。(思考の整理学)
(22) おそらくかれらは都会生活に強く憧れた<u>のではなく</u>、農村の生活にうんざりして、ただ漠然と家を出て行った<u>のだ</u>と思う。(エッセイ・イヌワシ賛歌)

显然,这两句不能改成以下说法。

(23) * 教育は<u>学校では</u>始まったのではない。
(24) * かれらは都会生活に<u>強くは</u>憧れたのではなく…

那么为何ハ不能介入ノデハナイ句中表示否定的对象呢?

尾上(1981)曾就ハ的基本功能指出：

文中の一点に位置するそのことにおいて、一文を二項に分節しているのであり、分節を意識した上で二項を結んでいるのである。

并将这种功能简称为「二分結合」,并指出在「猫は耳は鋭い」中,「猫は」为第一次分节,「耳は」为第二次分节,第一次分节不含对比之意,而第二次分节却表示「並行的な他の対立的事態を求めて、そこに対比の色が生ずる」。

尾上还谈到了连体修饰结构中的ハ。指出在以下(25)中：

連体修飾として本来一体的であるはずの部分が特に二分されているので、その点における並行的な他の結合との内容的対立を予想することになるのである。

也就是说,在连体修饰结构中,ハ不能表示主题,而只能表示暗示其他同类的并行存在的事物。

(25) 強風にあおられてもあんなに<u>大きくは</u>曲がらない場合が多いのだが…

ノデハナイ从构造上来说,其实也是一种连体修饰结构,它由形式体言ノ和デハナイ构成。ハ可以介入(25)这样的连体修饰结构,却无法介入(23)(24)这样的连体修饰结构,说明ノデハナイ的前置部分比起一般的连体修饰结构更加紧凑,结构更为稳固。大量的例句也证实了ノデハナイ不容许ハ在它的内部作第二次分节。

ノデハナイ不容许ハ在它的内部分节,与它所表示的意义不无

关系。本来ノダ和ノデハナイ的相互关系就是一种「並行的な他の結合との内容的対立」关系,两者分别表示针对一次信息的多个选项中的两个选项,这两个选项在意义上是并行的、对立的,而且各自在意义上是自成一体,如(16)的 S2。在这样的 S2 内部再进行分节,等于将本来就是表示对立存在的事物分割开来进一步与其他同类事物相对立,这种双重对立存在的事物,在现实中是难以想像的,所以现实中不存在这样的句子。从这个意义上,ノデハナイ所接的部分是一个已经高度一体化的整体,ノデハナイ的否定是对这个整体的否定,这种解释更为合理。但是仅有ハ作为证据是不够的,以下以陈述副词为例,对ノデハナイ作进一步的深入分析。

5.2 陈述副词与否定

陈述副词中有一部分是与否定呼应使用的,比如「ケッシテ～ナイ」。偶尔也会出现「ケッシテ～ナイノデハナイ」这样的句子。如果陈述副词ケッシテ出现在上述双重否定的句子中,那么,它究竟和哪一个否定相呼应呢?

(26) 唄は普通の唄で、<u>決して聞き慣れてゐないのではない</u>が、義雄の現在には、それが異様な挑発に取れたのだ。
（放浪）

一般认为(26)这样双重否定的例句其中的ケッシテ和ノデハナイ相呼应,这种判断符合常人的直觉,但是单凭直觉是不够的,必须举出实例来证实两者间的呼应关系。但是这种实例极为难觅,在笔者手头的语料库中只找到了以下相关的例句。

(27) その母親達は<u>決して</u>知能指数がひどく低かったり、教育を受けてい<u>ないわけではなかった</u>。(30 代に男がしてお

かなければならないこと）

　本句中的ケッシテ和ワケデハナイ相呼应,而ワケデハナイ和ノデハナイ在意义和功能上都十分接近,所以以下就以ワケデハナイ为例,观察ケッシテ与双重否定的关系。
　与(26)不同,(27)的句子比较复杂,它可以分解成以下两个句子。

(27a) 決して知能指数がひどく低かったわけではない。
(27b) 決して教育を受けていないわけではない。

　如果以上分解不损害原意,那么可以认为句中的ケッシテ是在(27a)和(27b)合而为一后再与ノデハナイ呼应,而不是直接和ナイ呼应。也就是说,ケッシテ与ノデハナイ的前置部分没有直接的关系。因为,如果ケッシテ和ナイ直接呼应,那么(27b)的「決して教育を受けていない」可以成立,而在(27a)「決して知能指数がひどく低かった」中ケッシテ将失去呼应的对象而被架空,因此只能理解为ケッシテ不是和前置部分中的ナイ相呼应,而是和句末的ノデハナイ相呼应。
　将(27)中的ワケデハナイ改为ノデハナイ,句子仍然可以成立,如(28)。

(28) その母親達は決して知能指数がひどく低かったり、教育を受けていないのではなかった。

　如果对(27)的分析也适用于(28),那么,ケッシテ只能是和ノデハナイ相呼应。这个事实再次说明ノデハナイ的前置部分已经高度一体化,以致ケッシテ无法和其中的ナイ相呼应,而只能和句末的ノデハナイ相呼应。

通过对ケッシテ的观察,再次从不同角度证实了ノデハナイ的前置部分高度一体化,其中的某个成分不能和其他的成分单独发生关系。这种形式上的一体化是意义上的一体化的最好注脚。通过对ハ和陈述副词的分析,可以说ノデハナイ的否定是对一个事实的整体的否定,而不是对其中某个特定的部分的否定。

6.0 结语

本文在2、3、4中回顾了对ノダ和ノデハナイ的相关研究,将问题集中在两点上。第一,所谓ノデハナイ的否定究竟是何种意义上的否定,第二,ノデハナイ否定究竟是整体否定还是局部否定。在5中针对第二个问题,从副助词ハ无法介入ノデハナイ的前置部分和陈述副词ケッシテ在双重否定的句中无法介入ノデハナイ的前置部分这两个不同的角度证实了该部分已经高度一体化,从而进一步证实了笔者的有关ノデハナイ的否定不是局部否定而是整体否定的观点。

ノダ和ノデハナイ虽然是对同一客观事物的两种不同判断的结果,但在许多方面两者在句法上的表现却不尽相同,比如在(9)中,ノデハナイ可以修饰名词,而ノダ除了极个别ノデアルコト这样的例句外,不能修饰名词。如果借用日本国语界的传统术语,也就是说,ノデハナイ的陈述度明显低于ノダ,关于两者还有许多课题值得探讨。

最后,对问题(1)谈谈笔者的解答。由于(1)没有具体的前后文关系,所以笔者从语料库中选取两句比较接近且由前后文的句子作为参考。

(2′)「顔を洗ってきて食べなさい」「そんなに食べたくないんだ」(見るまえに跳べ)
(3′) なぜ涙なんか出てくるのだ。泣きたいのではない。わ

しは怒りたいのだ。（島）

　　例句(2′)中的ノダ并不需要特定的客观事实作为判断的依据，而更接近于一种语气，因此可以认为是终助词；而(3′)是对流泪这一客观事实的解说，因此它更接近于助动词。因此如果将(1)中的ノダ视为助动词，它的否定应该是(3′)；如果将(1)中的ノダ视为终助词，它的否定应该是(2′)。不过以上已经反复指出，助动词和终助词的界限并不分明，两者间的相互关联将是一个ノダ研究的下一个重大课题。

参考文献

　　原口庄輔：1977，「『車は急に止まれない』の文法性（否定磁場再訪）」，『月刊言語』6月号。
　　寺村秀夫：1979，「ムードの形式と否定」，『英語と日本語と』，くろしお出版。
　　佐治圭三：1981，「『〜のだ』の本質」，『日語学習与研究』第3号，北京対外貿易学院。
　　尾上圭介：1981，「『は』の係助詞性と表現的機能」，『国語と国文学』58巻5号。
　　山口佳也：1983，「『〜のだ』の文の本質をめぐって」，『日語学習与研究』第5号，北京対外貿易学院。
　　久野暲：1983，『新日本文法研究』，大修館書店。
　　国広哲弥：1985，「『のだ』の意義素覚え書き」，『東京大学言語学論集'84』，東京大学文学部言語学研究室。
　　小金丸春美：1990，「ムードの『のだ』とスコープの『のだ』」，

『日本語学』9—3。

　　田野村忠温：1990,「現代日本語の文法Ⅰ『のだ』の意味と用法」,和泉書院。

　　工藤真由美：1996,「『～ノデハナイ』の意味と機能」,「横浜国立大学人文紀要二」,語学文学43。

　　工藤真由美：1997,「否定文とディスコースー『～ノデハナイ』と『～ワケデハナイ』」,『ことばの科学8』,むぎ書房。

　　戴宝玉：1999,「ノダと推論を表す他の助動詞」,《日语学习与研究》第2号,对外经济贸易大学。

　　戴宝玉：2000,「ノダとその否定をめぐって」,「世界の日本語教育」第10号。

也谈教学实践中的ノダ

1.0 序言

笔者记得三上章曾经谈到有一长期客居日本的美国学者常应邀用日语作讲演,但该学者从不在讲演中使用ノダ,ノダ之难由此可见一斑。ノダ长期以来不为学术界关注,90年代后有关ノダ的研究论文急剧增长,在对ノダ的理解上,目前已经开始形成一种共识。但如后文所述,由于汉语和英语都缺乏一个基于某个原理的相应的表达,所以对非母语者来说,仍然是学习日语的重大瓶颈之一。这个难点在教学实践中是无法回避的,因为ノダ经常出现在各类文章和会话中,学生受到影响也会在作文或会话中尝试使用,但往往错误频出。因此如何有效地向学生说明ノダ的本质,引导学生正确使用ノダ,就成为教学的重要课题。

虽然有关ノダ的研究成果丰硕,研究成果应该有效地应用于教学现场,教学现场发现的问题又可以促进研究,但是目前ノダ研究成果转化为教学实践的研究却不多见。本文先简要说明ノダ的研究现状和存在的问题,结合具体若干教材中对ノダ的处理,提出自己一点建议供教学第一线的教师和教材编撰者参考。

2.0 ノダ的本质和分类

ノダ从本质上来说,是一种表示语气的复合表达形式,之所以称为复合,因为它是由两个不同的成分构成的,不过由于这个复合形式结构已经相当稳固,一般作为一个词来对待,至于这个词究竟

属于什么词性,将在下文中言及。

关于ノダ的基本意义,综合前人研究,可以用一句话概括,即「ある事態をもとに推論を行ない、その結果を示すことにある[1]」,从这句话可以看出,ノダ的使用必须具备两个要素,即作为判断依据的事实和根据这个事实而做出的推断的结果,如(1)。因此教材中对ノダ的例句,必须由这两个部分组成才是有意义的,遗憾的是不少教材都忽略了这一点,当然就收不到应有的效果。

(1) 私は答えなかった。答えられなかったのだ[2]。

上述例句由两句组成,前句为事实,而后句为对前句的说明,这种关系有学者简称「関係づけ」。不过,这种「関係づけ」,并不限于文字的形式,也可以借助特定的语境。对前者可称明文化关系,后者可以称非明文化关系。比如山下(1979)谈到一个春日和煦的一天,某日本人和外国人站在东京高处,眺望着顶着白雪的远来的列车,日本人忽然有感而发地说道:

(2)「ああ、寒いんだなア」

身边的外国人对此无法理解,误以为日本人因感冒而怕冷。这个插曲反映了两点,一是依据非明文化关系可以起到同样的作用,二是再度确认了ノダ的理解对外国人具有相当的难度,而在此处日语主语的省略也加剧了对ノダ理解的困难。显然这里是根据列车做出的「北国はまだ寒いんだな」的判断。这样的ノダ,参照目前多数人认同的语法体系,可以认为是一种复合的助动词,或简称为助动词,它

---

[1] 参见戴2000。
[2] 以下所有例句都有出处,为避免繁杂,不一一注明。

表示特定的语气,类似表达语气的助动词还有ヨウダ、ラシイ等。
　　但是,ノダ之难不限于(1)(2),在(3)(4)中由于不存在前后句之间的「関係付け」的关系,所以与(1)(2)有所不同。

(3)「お名前は?」「いや、いいんです。」
(4)「やめろ、やめるんだ」鉄男が叫んだ。

　　假如说(1)(2)的ノダ是依据前后文的「関係付け」的关系而存在,那么(3)(4)就是依据特定的会话场景而存在,因此前者的ノダ可以认为是助动词,后者的ノダ可以认为是终助词。不过这种分类只有在比较典型的场合下才有效,由于形态上完全相同,因此在某些场合下不易辨别。ノダ在这点上有些接近ダロウ,ダロウ虽然也是由数个成分构成,目前已经趋向于认定为独立的助动词,但是比较「なんと美しいことだろう」和「なんと美しいことか」就可知,ダロウ也具备了作为终助词的一面,只是由于形态相同,目前缺乏一个有效的办法来区分他们。
　　如上所述,虽然有些细节还有待于深入研究,笔者认为ノダ可以分为助动词和终助词。但是在ノダ分类上也存在不同的看法,比如小金丸(1990)就认为ノダ应该分成「ムードの『のだ』とスコープの『のだ』」,即语气的ノダ和范围的ノダ。具体地说,就是把ノダ和ノデハナイ分为两类,后者表示否定的范围。但是笔者认为,(1)的前句可以衍生出许多不同的判断的结果,如(5)(6),ノデハナイ只是对多种结果中某种结果的否定,但是往往含有或明确表示不同结果的存在,如(7)。在(7)中把 a 和 b 作为两种不同的ノダ处理,未免过于牵强,因为ノデハナイ只是ノダ的一个辅助形式,不足以单独成为一类。

(5) 私は答えなかった。答えたくなかったのだ。

(6) 私は答えなかった。答えようがなかった<u>のだ</u>。

(7) 私は答えなかった。a 答えようがなかった<u>のではない</u>。b 答えたくなかった<u>のだ</u>。

3.0 ノダ与亲疏关系

以上大致回顾了ノダ的研究现状,但是研究成果要为现场教学所用,还是有相当的距离。

比如,在笔者现在教的一年级听力课中有一课讲授就医,同一个场面,其中对病人的提问法就有三种,此时,教师必须对初学者作出一个令人信服的解释。

(8) どうしましたか。

(9) どうした<u>の</u>。

(10) どうした<u>ん</u>ですか。

上述三句至少提示了两个问题。(A) ノダ表示语气,因此它不像格助词那样,省略后会造成结构上的歧义,因此它有时是可以省略的。(B) 三者之间的表达上的差异可能是基于某个不为人知的原理。

关于(A),在书面语中也有个别忽略ノダ的现象,如(11)。

(11) ぼくは答えなかった。答えることができなかった。

(11)和(1)的前后句如出一辙,后句是对前句的说明,但是此处并无ノダ,而是让读者自己判断两句之间的关系。如果不能证实后句是错误,那么说明ノダ的存在不是绝对的,这种现象也常见于各类表示说明的助动词。

既然ノダ的存在不是绝对的,这样势必提出一个问题,究竟是

什么因素影响了ノダ选择？ノダ的省略可能受到多方面的制约，本文只从亲疏程度这个角度略加考察。为此，笔者选用了「どうかなさいましたか」「どうかしたのか」等7个关键词，从语料库中找出了部分例句①，这些例句的前后语境基本相同，都是根据对方的表情或言行预感到情况有异而询问对方的表达方法，整理成表后如表1。

表1 ノダ与亲疏关系

I		II		III		
なさいましたか	なさったのですか	しましたか	したのですか	したか	したの	したのか
9	1	29	15	8	40	20

表1的I是最为疏远的，因此用得不多，这里的疏远表示对方地位比自己高，有必要在心理上保持一定距离之意，在这种场合，ノダ很少出现，现举两例。

(12) 総理は両肱を机につき、両手で頭を支えた。「どうかなさいましたか…」と、給仕の中年の女が声をかけたが…

(13)「お義母さんどうかなさったんですか」

相对I而言，II的用例要多得多，适用于一般交往的情况之下，如下例。

(14) 三枝が、[中略]「社長、どうかしましたか?」と訊いた。

(15)「どうかしたんですか」甲田に訊かれた辰巳は顔を上げた。

---

① 语料库规模4 500万，构成有小说剧本和随笔，由于规模不大，仅供参考。

在日常生活中,熟人和彼此地位相等的人相处最多,所以Ⅲ是最多的,如:

(16) 駅前に屯しているホテルの客引きのひとりが話し掛けてきた。「どうかしたか」
(17) ［友人同士］「どうかしたの？ひどく顔色が悪いわ。」
(18) 同僚が声をかけて、「おい、どうかしたのかい。元気ないな」と言ったが…

假如考虑到Ⅲ的ノ和ノカ的区别主要是取决于性别,ノ是ノカ部分脱落的结果,可以合二为一,那么Ⅲ的含ノダ用例将近占总数的一半。由此可作出一个推断,即Ⅲ是这种表达形式最基本的形式,反映的仍是根据一个事实做出某种判断,并且据此要求对方予以说明。

从表中可以看出,随着关系的疏远,ノダ的使用频率开始下降,尤其在Ⅰ中,几乎不用。虽然但(12)和(18)分别省略或使用了ノダ,但他们之间反映出来的前后句的关系却是基本相同的,因此可以认为,在相同语境下,人际的亲疏关系可以影响ノダ的使用,亲者多用而疏者少用。

表1中都是表示疑问的句子,一般的叙述句情况也是一样,比如用同一语料库对ノネ、ノデスネ和ナサッタノデスネ进行检索,分别检出83例、14例和1例,因此有必要在教授ノダ时向学生说明ノダ对尊者长者和陌生者不宜使用。

根据上述分析,对低年级的同学可以做如下解释,即在相同的语境下,ノダ的使用受到亲疏关系的制约,对长者及尊者尽量少用ノダ,如(12);对一般不熟悉的人或地位高于自己的人应该少用ノダ,如(14);对非常亲近随便的场合下可以使用ノダ,如(17)(18)。因为以上亲疏关系对ノダ的使用制约,因此才产生了(8)(9)(10)这

样的差异。

4.0 关于终助词ノ

关于(9)中的ノ,一般都认为是终助词,日本的国语词典也是这么解释的。根据语调,ノ读上升调表示疑问,读下降调表示断定。两者在日语中都常用,但是前者与同为表示疑问的カ并不完全相同,如前所述,ノ要受到特定的会话场景的制约。关于这点,野田(1995)曾指出,以动词以外的部分为焦点的疑问句或要求对特定语境的背景作出解释时才使用ノ,这也表明ノ和カ是不同的。国内某日语教材在语音阶段刚结束就出现了用ノ表示疑问的句子,(19)(20)为该教材的连续会话。

(19) 明日の運動会に出る?
(20) ええ、出る。李君も出る<u>の</u>?

笔者认为,在以特定场面作为条件的ノ先于单纯疑问的カ出现在教科书上,不是一种明智的选择。在学习外语过程中,第一次接受的表达方式的印象是最深的,而且由于没有其他已经习得的表达方式可以替换,所以会导致学生不分场合滥用ノ。而实际上,ノ受到很多制约,除了词典常指出的性别年龄之外,还有更为本质的区别,野田(1993)指出以下的例句不可使用ノ。

(21) * 食事に行くけど、いっしょに行く<u>の</u>?

以上例句之所以不能成立,是因为ノ的成立和ノダ一样,需要特定场面,而(21)不具备这种特定场面。具体地说,如果在此前甲没有披露过自己要去用餐的意向,在乙不知情的情况下就要求乙做出回答,这种场面就无法成立,当然就不能用ノ。换言之,只有在甲

对乙已经表示了某个动作的意向,乙已经了解了这种意向时才可以使用ノ。在尚未取得乙对甲的意图的共同的认识时,疑问句只能用カ,如(22)。

(22)「さ、そろそろ出よう。一緒に行く<u>か</u>?」

但是,如果甲的发问建立在乙已了解对方将要外出的基础上,则可以使用ノ表示疑问,如下文。

(23)「俺ちょっと出てくるよ」「どこへ行く<u>の</u>?」
(24) 煙管をしまって、一茶は立ち上がった。[中略] 女が言った。「もう行く<u>の</u>?」

可以看出(23)表示的是明文化关系,(24)表示的是非明文化关系,它们都建立在甲乙双方对某个事态的共同的理解上。

由此可见ノ和ノダ本质上相同的,如果说ノダ的习得对中国学生而言是个学习的瓶颈,那么ノ在学习上同样是个拦路虎,在入门阶段就提出ノ的用法,超出了初学者理解能力。

5.0　ノカ、ノダロウ、ノカモシレナイ、ノデハナイカ

国内由于对ノダ的研究介绍很少,因此教材上很少涉及ノダ,这是一个普遍存在的现象,连日本国内出版的教材都是如此(桑原 2003)。比较主要的复合的表达形式,如ノカ、ノダロウ、ノカモシレナイ、ノデハナイカ、ノダカラ在教科书上都找不到相应的解释,学生基本处在靠自己揣摩的状态,日语专业本科生能凭自己语感正确使用上述表达形式的寥寥无几。

其实,上述复合形式包括ノ都基于ノダ,在本质上都是一样的,大致上只是ノダ与カ、ダロウ和カモシレナイ等的简单相加而已。

· 35 ·

教师可以用一种统一的观点教给学生。以下就上述几个ノダ的变体从现场教学的角度逐一作一简单介绍。

首先是ノカ、一般ノカ有出现在句末和句中两种,分别如下:

(25)「あたし、お弁当をつくってきたの」「料理は得意な<u>のか</u>」
(26) 夕立でも来る<u>のか</u>あたりは薄暗くなっていた。

一般而言,ノダ的变体都出现在句末,因此在ノカ中(25)是基本的用法,后句的判断显然是基于前句事实的;(26)可以说是一种倒置句,多出现在记叙文,显然这两句都不能与カ相替换。如果(25)的后句说话者是女性,可以说成「得意なの?」,可见ノ与ノカ在表示疑问时没有本质的区别。

关于与ノ、ノカ相关的表达,野田(1993)的说明简单明了。野田指出,「忙しいんだ」仅限于男性,「忙しいの↓)」仅限于女性,「忙しいのか」仅限于男性,「忙しいの↑」则不受男女之限。对以上四种表达的解释多少受地区年龄和个人感受的差别,应该说是可信的,用语料库进行验证,也证实了这一点。由此可见,国内外词典以及教材对ノ的解释都偏离了ノ的实际使用现状。

如果说ノカ、ノ(升调)只是ノダ加疑问,那么ノダロウ则是ノダ加推测,ノカモシレナイ则是ノダ加不确定,如下文:

(27) 里子の部屋へ行くと、彼女はもう眠っていた。ゆうべの看病で疲れた<u>のだろう</u>。
(28)「明りが点いていない」「寝ている<u>のかもしれない</u>」。

由于这两者都基于ノダ的基本意义,所以各变体之间可以互换,如(27)可以说成「看病で疲れていたのか、彼女はもう寝ていた」,(28)的后句可以说成「もう寝ているのだろう」,改变后只是语

气有所不同,基本事实不变。

此外,某高年级教材中涉及婉转表达,ダロウ和ノデハナイカ都在此列,但是,根据上述理由,两者还是有区别的,试看以下例句。

(29)「いいお天気が続きますね。」「明日もきっとお天気で<u>しょう</u>。」
(30) 野崎がまだとっつかまっていないところを見ると、一応アリバイが成立した<u>のではないか</u>。

(30)是个比较典型的ノダ的句子,其中出现了「ところをみると」这一标记,显示后句判断赖以成立的依据,因此(30)的后半句可以改为「成立したのだね」「成立したのだろう」而不改变句子之间的这种关系。

关于ダロウ,一般认为表示婉转的判断,但是这种判断不是建立在依据某种事实而做出的,而是对眼前的事物作出的直接的判断。因此(29)和(30)的婉转表达只是表面现象而已就是这样一种婉转的表达,但是这种婉转不是建立在依据某种事实作出的判断,而是就眼前事实作出的直接判断,所以本质是不同的,因此,在上述句子中「だろう」和「のではないか」表示婉转只是表面现象而已。当然ダロウ和ノダロウ,デハナイカ和ノデハナイカ,虽然仅一字之差都不可混为一谈。

6.0 ノダカラ

相对上述ノダ变体而言,ノダカラ更为复杂些,但是在需要特定的场面,或者说是建立在两者间里的共同理解的前提这点上,与ノダ是相同的,这也是区别于カラ的根本所在,试比较以下例句。

(31)「いや、私はこれで帰る<u>から</u>、ゆっくりして行ってくれ」

(32) でも、日本へ帰ったらお会いしましょうね。[中略]あなたの方が早く帰るんですから、あなたよりは[帰国の日が来るまで]待つだけ楽しみが多いわけね。

以上两句虽然同样表示原因,其中的差异在于(31)是首次披露自己的意图,在此前对方是一无所知的;而(32)则是建立在此前双方会话已经涉及双方各自返回日本然后在日本相聚这一共同的理解之上。(31)不能用ノダカラ,与(21)由相通之处。显然在这里两句中カラ和ノダカラ不可互换,两者是有区别的。

桑原(2003)专门著文提到了カラ和ノダカラ,两者的区别如下:

(a) 話し手と聞き手の間に判断・立場の対立があって、話し手がそれを明確に意識して、聞き手に対して同意・同調することを強く求める場面では、「のだから」が使われる。

(b) 話し手と聞き手の間に判断・立場の相違があっても、話し手が強いて同意・同調を求めなければ「から」を用いる。

桑原使用剧本对两者进行分析,指出カラ和ノダカラ的区别在于是否强烈要求对方接受自己的主张。但是如果是要达到这种目的,ノダ也可以起到相同的作用。比如:

(33) とっとと化粧して下に降りて来な。パパが待ってるんだからね!
(34) そろそろ会社に出ろよ。みんな君を待っているんだ」

这是两句结构和意义大致相同的例句,在此处只是前句比较后句,增加了表示强烈意志的终助词カラ,因此从本质上来说,ノダカラ只是ノダ加カラ构成。根据对上述两句的分析,有无强烈意志,并不成为区别ノダカラ和カラ的关键因素。

而且,桑原还忽略了书面语中ノダカラ的使用,试看以下例句。

(35) そこで私はこの試みを本章で片づけようと思う。むろん、片づける<u>のであるから</u>、私のテーマがこれで最終的に解決したわけではない。
(36) 本来、人間は日々変化するものです。生物<u>なのだから</u>当たり前です。

以上两句都出自记叙文,(35)使用ノダカラ是因为前句对所要叙述的事项已有交代,(36)则是建立在众所周知的常识之上。这两句都不宜改成カラ,它们都建立在双方已经共同了解的基础上,本质上和(32)没有区别。

(33)中的ノダカラ用于句末,因此其中的カラ也可以视为终助词,但是カラ在作为终助词时仍然保留着カラ和ノダカラ区别,如(37)表示第一人称的首次披露的遗志,而(38)则是前句判断得以成立的背景,不能表示第一人称的意志。

(37)「困ったらいつでも電話しろ。俺がすぐに<u>行くから</u>」
(38)「もう、前の学校には行かないのよ。新しい学校に<u>行くんだから</u>」

鉴于以上分析,在外语教学中,在适当的时候,比如2年级上可以向学生介绍ノダカラ的用法,目前尚无教科书提及,因此教师可以在课文中出现ノダカラ时,给予必要的指导。

7.0 结语

以上ノダ的任何一个变体,都可以单独成为一篇论文,因此本文不是就某个问题而展开的深入研究,而是将本人近年来对ノダ的

思考落实到具体的现场教学中,探讨如何有效地向学生讲授上述多种与ノダ相关的表达形式。不过以上所举的例子都是比较典型的例子,还有些不易判断的,处于中间状态的句子,本文没有涉及。此外,正如(8)表示相同的关系却因为亲疏关系而不使用ノダ一样,有些场合ノダ的使用并不是绝对的,但是这并不影响将ノダ的各种变体以一个同一原理来加以解释的有效性。

　　本文提出了ノダ可以分为助动词和终助词,但是如何区分却是一个难题,因为他们在形态上完全相同,只能通过间接的方法来识别,比如野田提出「のですの」这样的ノダ之后的ノ可以认定为终助词,这是鉴于同一性质的词不能相互衔接的原则。戴(2010)也注意到了这一点,曾就「つまり…ことになるわけなのだ」这样的句子指出,后续谓语中的三者都可以与「つまり」呼应,它们都是表示解说的助动词,三个意义功能相同的助动词是不可能同时出现的,因此越是处于句末的助动词转化为终助词的可能性就越大,在这种情况下比较容易判断ノダ为终助词。

　　此外,本文举亲疏关系为例,介绍了其他因素对ノダ使用的制约,不过这只是多种制约中一个,有关其他的制约,目前尚不明了,仅有对ノダ的本质的了解还不够,对ノダ使用受到制约的种种条件进行排比梳理,是下一步研究的重要课题。

参考文献

山下秀雄:1979,日本のことばとこころ,講談社。
野田春美:1993,「のだ」と終助詞「の」の境界をめぐって,日本語学 10。
野田春美:1995,〜ノカ?、〜の?、〜カ?、〜・φ,日本語類義表

現の文法(上),宮島達夫、仁田義雄,くろしお出版。

戴宝玉:2000,ノダとその否定をめぐって,世界の日本語教育,2000。

桑原文代:2003,説得の「のだから」―「から」との比較,日本語教育117号。

戴宝玉:2010,关于陈述接续词与复合谓语的呼应以及相互连接,日语学习与研究4。

表示评价意的复合辞在
现有助词体系中的定位

1.0 序言

复合辞一般指复合的助词和助动词,本文考察的对象仅限于复合助词。对复合辞的综合研究最早的可以追溯到永野(1953),最新的主要研究可见于藤田・山崎(2006)①。随着对复合辞研究的深入,将复合辞挂靠现有的格助词体系的做法,日益显示出它的局限性。其原因有(1),由于复合辞有数个构成要素构成,某些复合辞在接续上表现出很大的灵活性,可以接在不同的成分之后,这是现有的助词所罕见的,如「にしても」,既可以接体言、用言,还可以接一个短句,如果纳入现行的助词体系,至少有副助词并列助词和接续助词的三种用法;(2),如下文指出,某些复合辞由于在多个构成要素中侧重点不同,所起的作用也不同,如「にしてみれば」即可以表示表示属性的谓语所指的对象,也可以表示动作状态的主体。所以简单地将它们挂靠格助词的做法开始显现出它的局限性。

随着日语教学科研的普及和深入,复合辞的研究引起了普遍的关注,教学第一线的需求和国外相关研究成果的介绍也推动和促成了对复合辞的研究。在复合辞研究越来越多地受到关注的今天,除了对每个复合助词具体用法的观察和分析以外,有必要以某一类复

---

① 对复合辞也可从语法化角度进行研究,而且可以更为有效地对日语的复合辞作出合理的解释,但本文中不取这种立场。

合辞为突破口,对复合辞和相关原有助词体系作一深入比较分析,使复合辞的研究成果能够逐步充实现有的助词体系,并使得复合辞在这个体系中获得应有的定位,最终融入一个新的助词体系。

复合辞的出现实现了对语言的描述更加精细化,使得一些原来不能精确表达的描述成为可能。但是,同时也带来了这些复合辞在现有助词系统中的定位问题。如果现有的体系可以毫无保留地接纳这些复合辞,当然是最理想的状态,而现实情况并非如此,从以上指出的原因(1)和(2)也可看出,复合辞在现有的助词体系中很难找到自己的定位。笔者认为这个问题可以分两步解决,一是对比现有的助词体系,实行有条件地挂靠,二是在复合辞研究条件成熟之后重建包括复合辞在内的所有助词的新体系,这是复合辞研究的最终目标,但是任重而道远,目前是可望而不可即的。

在条件尚未成熟的今天,在对复合辞的具体用法作深入的观察分析的同时,对比现有的助词体系,找出两者间的异同,然后求同存异,有条件地纳入现有助词体系,也许是最为切实可行的做法。本文将以复合辞「としては」「にしては」「にしてみれば」「にとっては」为例,探讨它们和现有的格助词之间的关系,并试图为这些新兴的复合辞找出合适的定位点[①]。

2.0 格与格关系反映的意义关系

关于格助词,《国语学大辞典》(1980)定义如下:

体言または体言に準ずるものに付いて、それが文中の他の語に対して如何なる関係に立つかを純粋に示す助詞である…(接在体言或准体言之后,单纯地表示该词与其他词之间的相互关系)

---

① 本文的写作得益于马小兵、陈琰、黄燕青、赵磊等老师在《2008 年上海外国语大学日本学研究国际研讨会》上的发言,简称《08 年上外研讨会》。

益冈隆志(1987)的定义如下：

「格」というのは、語(語句)と語(語句)の意味的な依存関係を表示する形式のことである。…日本語では、格は、一貫して「ガ」「ヲ」「ニ」のような助詞(いわゆる「格助詞」)によって表される。(格是指表示词或短语和其他词或短语之间的意义上的依存关系的形式，……在日语中一直以「ガ」「ヲ」「ニ」这样的助词来表示这种关系)

从以上对格助词的定义来看，两者解释大致相同，只是益冈更加明确了格关系反映的是词语之间的意义上的关系，并且指出，这种关系被抽象化后可归纳为若干个类型，形成"意义角色(「意味役割」)"，并列出13种意义角色，以下本文称意义关系。即:「動作主・対象・経験者・相手・着点・起点・場所・時間・共同者・道具・受益者・原因・その他」①。

根据益冈的说法，上述13种还可进一步抽出7种"核心意义关系(「中核的意味役割」)"，它们分别如下，例句出处均为原文。

(1) 動作主　太郎が次郎を殴った。(主体，太郎打了次郎。)
(2) 経験者　太郎がその話に驚いた。(感情感觉的主体，太郎对此很吃惊。)
(3) 相手　　太郎が次郎と争った。(动作共同者，太郎和次郎相争。)
(4) 着点　　太郎が故郷に(へ)帰った。(归着点，太郎回到故乡。)

---

① 因为书中没有具体的例句，无法确定13种用法的某几种的具体含义，因此未加译文。

(5) 起点　　花子が部屋から出た。(起点,花子走出房间。)
(6) 場所　　庭には人がいる。(场所,院子里有人。)
(7) 対象　　太郎が本を読んだ。(宾语,太郎读书。)

对名词或者名词短语与句中其他成分之间的意义关系认定往往因人而异,以上分类也只是对这种类型归纳的一种尝试而已。但是有一点是可以肯定的,这就是以日语中 10 个格助词要来表现复杂多变的意义关系,使得每个格助词不得不承担过多的用法,仅用 7 个核心意义关系是无法囊括实际语言中纷繁复杂的用法的,这样势必造成某些用法处于以上意义关系的边缘状态或者是被排斥在外。

比如,益冈认为表示属性的谓语和名词的意义关系多为「相手型」,但他坦承(8)是否属于这样的关系,认定非常困难,必须慎之又慎。

(8) 日本は天然資源に乏しい。(日本缺乏天然资源。)

例(8)这样的例句在上述分类中即使借助 Prototype 的理论,与(3)的动作共同者也相去甚远,无法解决少量的意义关系类型与诸多的意义用法之间的矛盾。比如,例(9)中「資源」在意义关系与(8)一致,而名词后的出现的格助词却不相同,而且也没有迹象表明使用不同格助词所带来的明显的意义上的区别。这个事实说明这两个格助词对这类谓语都不是最佳的选择,反映出日语中缺少准确表达与表示属性的谓语相互关系的语法形式[①]。

(9) 日本は資源が乏しく国土が狭いお蔭で、(由于日本资源缺

---

① 同理,「仕事に疲れる」「仕事で疲れる」两者都能成立,也可以用格助词不擅长表达原因来统一解释。

乏,国土小狭小／堺屋太一「日本人への警告」)

3.0　表示对象的复合辞

日语的意义关系究竟应该设多少种,不是本文探讨的范围,但是可以预见的是,仅有上述几种类型,远不能满足日趋复杂的表达需求。以动词「重い」为例,最简单的用例如(10),在这种句子中格助词足以应付。

(10) 躯が重い。(身体疲乏／水上勉「雁の寺」)

但是有时需要进一步说明这种状态是对谁而言的,本文中将这种关系称作评价对象,这时日语原有的格助词就有些难以应对,如(11)。只有借助了助词「は」才可克服这个缺点,如(12)。

(11) ? 私にとても荷が重すぎます。(对我是个沉重的负担)
(12) 私にはとても荷が重すぎます。(对我是个沉重的负担／高野悦子「二十歳の原点」)

但是,「には」不是专用于表示评价对象的,比如在(13)中,这个「には」实际上表示动作的主体。

(13) 私には、彼女が見ちがえるように美しく感じられた。(我觉得她特别美／早見秋「装飾の性」)

可见,表示属性的谓语需要一个新的形式来表示这种关系,而且这种形式最好是单一形式表示单一意义,这样更符合语言表达逐渐各司其职的趋势,由此应运而生的就是复合辞「としては」「にしては」「にしてみれば」「にとっては」。这些复合辞有时可以同「に

は」互换,但是它们不是「には」的简单的替代品,他们各自有着自己的侧重点,在表达评价对象之意的意义关系时,可以做到更加细致入微。以下简要地分析和观察上述复合辞。

3.1 にとっては

上述复合辞中,最具代表性的是「にとっては」,笔者所检索到的1 569个例句无一例外地都表示评价对象,而且这些评价对象都是具体的人物以及与人的情感有关的名词,或者表示某个团体机关①。

(14) 僕は会社にとっては造反者だ。(对公司而言,我是叛逆者。/樋口京輔「黒の七夕」)
(15) これは警察側にとっては非常に好都合なことだった。(这对警方非常有利。/藤田宜永「異端の夏」)

例(14)显然不能用「には」,而例(15)虽然可以用「には」但是「には」并不是专用于人物或团体的,如(16),它还可以针对某一个事物,可以说成「会社に侵入するには」,因此在表示评价对象时,「にとっては」能更贴切地表示这种意义关系。

(16) その掃除当番は夜更けの会社侵入にはまことに好都合であった。(清扫值班对深夜潜入公司是个好机会。/椎名誠「新橋烏森口青春編」)

3.2 としては

从使用频度上来说,与表示属性的谓语一起使用最多的是「としては」,如(17)。「としては」总数达到2 364例,不过它表达的意

---

① 以下统计数据都来自战后以小说、剧本、评论为主的文本语料库,字数4 200万。

义范围较广,这个数字中还包括了其他性质的例句,如(18)表示资格或立场。

> (17) アメリカの大学としてはそれほど大きくない。(作为美国的大学并不算大。/阿川尚之「アメリカが嫌いですか」)
>
> (18) 私どもとしては、個別のお話に立ち入ろうという気持ちはありません。(我们不想深入谈具体的问题。/梅原猛「日常の思想」)

「としては」由于原意表示某个人的某种资格立场,由此引申出的表示评价对象的意义多具有对比的性质,如例(17)同样是指某个大学与美国普通大学相比较。「としては」接续的名词范围较广,不像「にとっては」那样单一。由于篇幅有限不一一列举,有的甚至固定为一种格式,比较典型的有「当時としては」「全体としては」等,这种用法是其他表示评价对象的复合辞所不具备的。

3.3　にしては

「にしては」共查到 685 例,它的意义特征是表示限定,它与「としては」有所不同,表示对某个属性的判断只有局限在特定的条件下的时候才能成立,如(19)。由于特定的条件还可以用短句来表示,所以「にしては」有少量例句接在用言之后,如(20),这是本文涉及的复合辞中唯一可以接用言之后的复合辞。

> (19) 私の手は女にしては少し大き過ぎるの。(我的手作为女人来说太大了。/伊集院静「あづま橋」)
>
> (20) 借金を申込む女にしては金使いが荒すぎる。(作为一个借钱度日的女人花钱太没有节制了。/石川達三「ぼくた

ちの失敗」)

在有些场合下,「としては」「にしては」表示的意义比较接近。试看以下例句。

(21) 進駐軍兵士としては小さいほうに属する。(作为驻军战士可算是小个子。/小林久三「蒼ざめた祖国」)
(22) いまどきの若い娘にしては小さいほうだ。(在如今的姑娘中算是身材娇小。/萩原浩「噂」)

以上两句基本可以互换,两者虽然都以某个事物状态的"平均值"作为属性判断的依据,但是意义侧重点还是有所不同,「としては」因为原来表示资格立场,因此带有作为该资格立场的人应有的、理想的状态的含义,而「にしては」则表示限定,含有只有满足一定条件时该属性判断才可成立。因此在以下场合不可互换,如(23)。

(23) 秀治も自動車の整備工としては優秀だった。(秀治作为汽修工是优秀的。/志水辰夫「負け犬」)

此外,「にしては」可以用「それにしては」的形式起到接续词的作用。

3.4 にしてみれば

「にしてみれば」共有234例,是以上几个复合辞中形态最复杂的一个,它包含了格助词、动词和假定形,所以还有少量用法以「にすれば」「にしてみたら」「にしてみると」的形式存在。

「にしてみれば」有一个明显的特征,就是它都接在表示具体的人物以及某个团体机关的名词之后,如(24),这一点它与「にとって

は」非常接近,甚至可以出现在同一句子之中表示对比,如(25)。

> (24) 僕たちは、由美さんにしてみれば疫病神のようなものかもしれません。(在由美眼中,我们都是些瘟神。／樋口京輔「黒の七夕」)
>
> (25) なるほど他の乗客にしてみれば、「ただ同然」だろうが、私にとってそうではない。(対其他乗客简直是等于白坐,可是対我来说却不是这样。／小田実「何でも見てやろう」)

在以上用法中,「にしてみれば」与「にとっては」没有很大区别,但是,前者句子的谓语还可以表示动作行为的主体,如(26),这或许是它和「にとっては」的主要不同之一。

> (26) 夫にしてみれば、女房に逃げられたというのでは男の沽券にかかわると思っているから…(丈夫觉得女人私奔有损自己的面子……／平岩弓枝「ものは言いよう」)

「にしてみれば」表示评价意还是作动作主体,主要取决于句末谓语的性质。

4.0 复合辞的定位

《新版日本語教育事典》(2005)把助词分为三类[①]:
① 文中の他の成分との間の統合的な(syntagmatic)関係を示すもの(格助詞・並立助詞・接続助詞など)。
② 文中の要素と同類の要素との連合的な(paradigmatic)関係

---

① 执笔者杉本武。

を示すもの(とりたて助詞)。
③ 話し手の主観的な態度を示すもの(間投助詞・終助詞)。

对复合辞而言,最为接近的应该是以上分类①中的格助词。格助词在形态上有以下几个特点。

(a) 部分格助词可以后续提示助词,如「には」;
(b) 可以加「の」直接修饰名词,如「との」;
(c) 可以连同相关的用言修饰名词,如「雨が降る日」等。

上述复合辞中,「として」和「にとって」基本上可以满足以上要求,比如可以后续提示助词构成「としては」「にとっては」,可以加「の」直接修饰名词,如「会社にとっての一大事」「友達としての山田」,但是后者只限于表示资格立场的用法。关于(c),部分复合辞可以找到以下例句。

(27)「金額としてはそれほど大きくない受注が社長表彰を受けた」(一笔金额不大的订单受到了社长的表扬。/船戸与一「神話の果て」)

(28) 近頃にしては珍しく洋服に着がえた基一郎は、[中略]家を出た。(基一郎穿上好久没穿的西装离开了家。/北杜夫「楡家の人々」)

本文考虑到复合辞在形态和职能上的统一性,没有将「として」「にとって」作为考察的对象,因为「として」单独作为表示评价对象的用法非常有限,而「にとって」的例句用同样的语料库进行检索只得到1 089例,只占「にとっては」的大约三分之二,因此在本文中,只把它们看成「としては」「にとっては」的构成要素之一。

如果把「としては」「にとっては」看成复合辞,那么包括「にしては」「にしてみれば」在内它们除了部分复合辞可以满足(c)以外,其他的难以满足上述(a)(b)的条件,也就是说很难认定它们为格助

词,理由非常简单,因为他们都含有「は」,而「は」后不可能再接提示助词或「の」。不过如果将他们纳入《新版日本语教育事典》的分类,很显然它们只能纳入①,即表示句法关系,不过表示句法的助词与格助词还是有所不同。

笔者注意到在2008年上外研讨会上有发表者就上述复合辞有「『に』格の現れる位置に現れる」这样的提法①,这种提法可能是基于Fillmore的格语法的理论,但是即便是在深层结构里上述复合辞对谓语而言是一种格关系,在表层结构上未必仍然保留这种格关系。一个很典型的例子就是日语的副助词,副助词所表现的意义关系在深层结构上是一种格关系,但是在表层结构上,它表现的不再是句法关系(syntagmatic),而是一种聚合关系(paradigmatic),因此深层结构上的格关系并不能说明这些复合辞就是格助词。在(29)中,如果改成格助词「子供が知っている日本語だ」,只是排除了小孩与成人之间的对比这层聚合关系,作为句子仍然可以成立,而例(25)改成「他の乗客にただ同然だ」就不知所云了。

(29) 子供でも知っている日本語です。(连孩子都懂的日语。/竹山道雄「ビルマの竪琴」)

综合以上分析,上述复合辞并不能简单地和格助词画等号,但是在表示一种意义关系这一点上,两者却有共同之处,试比较(30)和(19)′。

(30) ぼくが〈動作主体〉、来年〈時間〉東京に〈目的地〉行く。
(19)′ 私の手は女にしては〈対象〉少し大き過ぎる。

---

① 北京大学马小兵发言用稿「複合辞『としては・にしては・にしてみれば』について」,未刊。

例(19)′中的「にしては」表示相对谓语而言,这种属性判断是对何种特定情况所作的,这种意义关系在益冈(1987)中是没有的。在(30)中,由于谓语动词本身的意义决定了不同意义范畴的名词可以参与句子的构成,即使除去格助词,仍然可以推测它们之间的意义关系,而以表示属性的形容词本来它的支配名词的能力就不如动词,需要一种语法形式来明确表示这种意义关系,然而目前的格助词已经无法应对这种需求,必须有一种新的形式来满足这种需求。

新的表达形式只能取自现有的素材,又必须区别于原有的助词,势必造成形态的复杂化,形态的复杂化导致他们难以获得原有的格助词所具有的特征,比如不可以再后续其他助词,难以修饰名词等。本文涉及的四个复合辞都由格助词和动词的活用型构成,在结构上比较相似,在表达的意义关系也大致相同,但是其中的动词的不同和活用型的不同,也导致了它们之间在意义关系上的微妙区别,实现了表达的多样化。

综合以上分析,本文涉及的复合辞从意义关系上仍属格助词范围,而在形态上却与一般的格助词相去甚远,因此折衷的办法就是有条件地认定它们是格助词的一种,但又不是原有意义上的格助词。

5.0 结语

本文提出了复合辞在现有格助词体系中的定位问题,首先考察了日语格助词,介绍了格助词在句中的意义关系,对四个复合辞逐一作了观察,最后通过复合辞和原有格助词的对比,认为复合辞在表示与谓语的意义关系上,与格助词没有本质区别,但是在形态上由于形态的复杂化,使得它们不具备原有格助词在形态上的一些特征。

这些复合辞的准确定位最终有待于综合对其他的复合辞的研究获得的成果来决定,在目前条件尚不成熟的情况下,可以暂定为

准格助词。因此准格助词的定义可以如下。

　　准格助词：由数个成分构成的在形态上已经趋于稳定,可以表示名词与其他词之间的新的意义关系的复合表达形式。

　　实际上,准格助词的情况远比想象的要复杂,由于复合辞由数个构成要素构成,这些要素的侧重点不同会影响这个复合辞的性质,因此它们往往身兼数职。如(26)可以表示评价意成立的主体,也可以表示动作发生的主体,甚至连「にしては」也不例外,在(31)中,由于侧重点不在条件,而是突出了「にする」的选择意,成为「にすれば」「にしてみれば」中的一种,表示动作的主体。

(31) 歳三にしては、その補充を考えておかねばならなかった。(岁三必须考虑人员补充。/「土方歳三」三好徹)

　　本文虽然就表示评价对象的复合辞作了初步考察,但是某些问题由于目前似无相关研究成果,所以没有进一步深入探讨。比如准格助词的提法究竟适用于哪些复合助词,还有待验证。又如助词「は」在复合辞中起何种作用目前也尚不明了。在本文涉及的四个复合辞中,有的「は」是必需的,如「にしては」。而有的则是可有可无的,如「にとって」「として」。「にしては」的句子并不让人感到「は」原有的对比或言外之意的感觉,而「にとっては」「としては」则往往带有这种对比或言外之意的感觉,反映了「は」融入这些复合辞中程度的不同,有关「は」在复合辞中的作用,目前国内似无人涉足。

参考文献

　　永野賢：1953,表現文法の問題——複合辞の認定につい

て——,金田一博士古稀記念言語民族論叢[M],三省堂。

国語学会：1980,国語学大辞典[M],東京堂出版。

益岡隆志：1987,命題の文法——日本語文法序説[M],くろしお出版。

日本語教育学会：2005,新版日本語教育事典[M],大修館書店。

藤田保幸、山崎誠：2006,複合辞研究の現在[M],和泉書院。

关于陈述接续词与复合谓语的
呼应以及相互连接

1. 引言

　　接续词由于多由其他词类变化而来,涉及范围广,可以上下关联一个词、一个词组或者完整的句子,某些词与副词的界限不甚分明。由于这些特点,有些学者不承认接续词这个词类,因此相对其他词类的研究,接续词的研究显得滞后,许多相关的研究领域尚未涉足。

　　笔者在整理句末复合表达形式时注意到部分表达形式(以下简称复合谓语)与特定的接续词有着密切的关系,这种关系的紧密程度不亚于陈述副词对谓语的呼应关系,为了证实此类接续词的存在以及探讨存在的意义,从4个有代表性的接续词入手,对这些接续词和复合谓语的呼应现象进行了深入观察和分析。

　　本文从语料库中选用了1960年以后的资料约3 800万字,设「すると」「ということは」「つまり」「要するに」为关键词,共抽取6 638条例句,并逐句观察了这些接续词的后续谓语的分布状况,发现这4个接续词与复合谓语有直接呼应关系的句子达到56.3%以上,而且这些接续词与「ことになる」「ということだ」「わけだ」「のだ」为主的特定的复合谓语存在着明显的对应关系。从接续词的角度而言,就是这些接续词具有明显的引导或限定后续谓语的特性,如果借用陈述副词的称呼,那么这些接续词可称作陈述

接续词。

这些陈述接续词与复合谓语之间不仅存在相互呼应关系,而且两个陈述接续词或两个复合谓语之间也可以相互连接,它们各自之间的相互连接遵循相同的原理,形成了一种交错的对应关系。本文的目的在于揭示上述陈述接续词的存在以及它们与复合谓语之间存在的对应关系。

2. 研究史

接续词历来是个有争议的词类。最早的接续词的提法始于19世纪末,而被广泛接受则在大槻(1897)之后。此后,桥本(1934)中把接续词定为9种词类中的一种,并在桥本(1948)中谈到了接续词与副词的区别,指出接续词关联前后两个词,而副词只关联后续的词,这种立场为许多后人所接受。

但是接续词由于多由其他词类转化而来,所以在具体的认定上颇多分歧,比如「たとえば」根据前后文分别可以认定为副词或接续词,本文涉及的「つまり」等也是如此。因而有学者否定接续词,如山田(1908)、松下(1930)、森(1959)、芳贺(1962)、渡边(1971)等都不承认接续词。山田认为,西方语言中的conjunction与日语的接续助词相对应,而日语中所谓的接续词应属于副词的一种,即接续副词。关于接续词研究史,井手(1973)有详细记述。

不过,现行的日语语法一般都设接续词这个词类,如田中(1984)就把85个接续词分为对等接续,承前接续,转换接续三种并加以详尽解说。又如益冈(1992)中设接续词,并认为「文頭において、先行する文とのつながりを示す役割を果たす」,作为接续词的实例,除了列举「しかし」「すると」等常见的接续词外,还列举了具有同等职能的复合接续词,如「これに対して」「というのは」「とすると」等,扩展了接续词的范围。本文也取这种立场,即置于两个句

子之间表示两个句子之间的特定意义关系的词叫接续词①。

有的学者在研究陈述副词时也注意到了「しかし」「そして」这类具有引导限定后续句子顺接或转折表达的现象。比如案野香子(1996)指出：

いわゆる接続詞「しかし」「そして」も続きを言表する以前に、前の叙述内容に対して逆態あるいは順態の叙述内容が後続して表現されることを「予告する」役割を果たすともいえる。

不过「しかし」「そして」虽可引导限定后续句子表示顺接或转折表达，但它的谓语并不受这两个接续词的限定，它们在是否具有各自特定的呼应对象这一点上与陈述副词截然不同。中村(1974)对接续词有无涉及「陳述副詞に見られる述語の陳述部を限定する現象」进行分析，指出「すなわち」「つまり」「要するに」属同一组，并认为三者之间的异同如下：

スナワチは単なるダ系が比較的多い点と理由を表すナノダ系、ワケダ系に現れにくい点に、ツマリはその肯定断定形式のどの系統にも現れる点とノダ系の特に多い点に、要スルニは同格のダ系に多い点と理由のカラダ系に現れにくい点に、それぞれの対比的特徴がある。

可见早在20世纪70年代就有学者已经注意到了本文所说的陈述接续词，并指出了与此相呼应的复合谓语，本文在中村的研究基础上，根据语料库提供的语言事实，对陈述接续词作更为深入的观

---

① 关于「桜また梅」以及例3中的「つまり」这样的连接两个词的接续词，不在本次讨论范围之内。

察和分析。

3. 对陈述接续词的认定

对本文涉及的接续词,各词典或参考书的记载是不同的。比如对「つまり」,『日本国語大辞典』(1976 小学馆)认为是副词,而『日本語教育事典』(1982 大修馆)认为是接续词。对「要するに」前者没有说明,后者则认为是接续词。对「すると」则两者都认为是接续词,至于「ということは」两者都未涉及。森(1959)称接续词为接续副词,把「すなわち」「いいかえると」「ということは」一并称为「換言態」接续副词,这是笔者见到的唯一有关「ということは」的文献记载。

上述词典和参考书中,「すると」都被认定为接续词,这是因为「すると」原本表示两个动作的前后关系,如(1),不可否认这种用例占据了大多数(1 644 例),但是也有不少(2)这样的用例(912 例),表示根据前句推断的结果,在(2)中「すると」与「のだ」相呼应。(1)(2)中的「すると」虽然形态相同,但意义职能有所不同,后者可以与「とすると」「とすれば」互换,而前者则不能,本文将「とすると」「とすれば」与「すると」同等对待。

(1) 私は御茶ノ水駅で降りてみました。<u>すると</u>男も降りました。(宮本輝「錦繡」)
(2) 「待った? <u>すると</u>、桑田伸子さんは遅れて来た<u>ん</u>ですね?」(赤川次郎「女社長に乾杯!」)

无论是否注意到(1)和(2)意义职能的不同,一般的词典或参考书都把「すると」作为接续词处理,但是对「つまり」的认定则分歧较大,究其原因,或许是因为存在以下例句之故。

(3) 反町は昭和四十五年、<u>つまり</u>一九七〇年に狛江市駒井町で生まれている。(本岡類「絶対零度」)
(4) 安直な言い方に聞こえるかもしれないが、人間とは、<u>つまり</u>そういうものである。(養老孟司「涼しい脳味噌」)

以上(3)只是两个名词间的简单的意义上的互释,(4)中的「つまり」并不是根据前句的内容作出的判断,换言之,它们都不表示两句间的特定的意义关系,这样的用法难以认定为陈述接续词,以下的(5)(6)也以同样的理由,排除在本次考察范围之外。

(5) 現代社会は、<u>要するに</u>、より抽象度の高い世界である。(養老孟司「涼しい脳味噌」)
(6) こうして確保された「日常性」こそ、私たちのたしかな(<u>ということは</u>、合理的な)生活の基盤となるのである。(多田道太郎「しぐさの日本文化」)

排除了上述接续词用例,问题并未完全解决,因为陈述接续词并非在每个句中都与特定的复合谓语直接呼应使用,如(7)至(10)。

(7) 「沼津行に乗り遅れたのかしら」「<u>すると</u>つぎは、六時四分着の小田原行ね」(夏樹静子「東京駅で消えた」)
(8) 「そのとおりです」と老人は言った。「<u>つまり</u>…」「ちょっと待って下さい」と私は老人の話を押しとどめた。(村上春樹「世界の終わりとハードボイルド・ワンダーランド」)
(9) 「息子さんはおいくつですか」「十二歳になりました」「<u>ということは</u>小学六年生ですか」(藤田宜永「異端の夏」)
(10) その後、いっさい建物には手を入れていない。<u>要するに</u>、金がない。(養老孟司「涼しい脳味噌」)

上述例句或是中途省略,如(8),或是复合谓语的简化形式,如(7),不过后者的谓语可以复原成「～ということになるね」「～なんだね」「～というわけだね」,由于可以复原,所以本文仍作陈述接续词处理。

从以上例句可知,陈述接续词中存在着(2)这样的与复合谓语直接呼应的陈述接续词和(7)至(10)这样的不直接与特定复合谓语呼应的陈述接续词,本文称前者为复合谓语型,称后者为零型,两者的用例数和百分比如表1。从表1可以看出复合谓语型接续词明显多于零型接续词,由于(8)这样的省略用法的例句都作为零型来处理,所以实际上复合谓语型的用例比表上所显示的比例应该更高些。

表1　复合谓语型和零型陈述接续词的分布

	小计	复合谓语型		零　型	
すると	912	62.4%	569	37.6%	343
ということは	321	67.9%	218	32.1%	103
つまり	4 262	54.4%	2 318	45.6%	1 944
要するに	1 143	55.1%	630	44.9%	513
	6 638	56.3%	3 735	43.7%	2 903

4. 复合谓语的分布

实际观察上述6千多条陈述接续词的用例,发现复合谓语可谓种类繁多,为了便于比较,对同一类的复合谓语进行了合并归类。比如「の?」「のよ」「のだよ」「のですね」「のである」都统一为「のだ」,「わけだ」和「というわけだ」合并为「わけだ」。对认定为复合谓语有一定困难的表达形式,或者是使用频度较低的、学校语法中涉及的单一助动词都作为零型处理,如「意味する」「らしい」。由于

目前对复合谓语的研究进展有限,有些形态相近的复合谓语,如「わけだ」和「というわけだ」之间在意义职能上是否相同[①],是否应该作为同一复合谓语看待,复合谓语型和零型之间的界限如何界定等问题尚有待研究。本文只按照现有的研究水准进行暂行的分类。以下表2显示了根据综合使用频度排序的4个陈述接续词的使用状况,其中包括复合谓语型和零型的用例。

表2 复合谓语前16位分布

序号	係り	合計	すると	ということは	つまり	要するに
01	のだ	1 830	220	47	1 173	390
02	わけだ	654	122	26	437	69
03	ということだ	457	33	67	296	61
04	ことになる	256	97	40	114	5
05	のだろう	104	32	9	42	21
06	からだ	84	1	4	55	24
07	のではないか	79	15	7	45	12
08	ことだ	60	2	3	37	18
09	はずだ	37	12	4	15	6
10	といえる	33	1	1	27	4
11	なければならない	29	9	1	17	2
12	らしい	28	6	1	12	9
13	のかもしれない	19	6	1	10	2
14	とおもう	14	6		6	2
15	いみする	12		5	7	
16	かんがえられる	11	2	1	7	1

① 铃木美加(1999)曾论及此问题。

从表2可以看出,「のだろう」以下各表达形式的使用频度总体明显下降,而且越是往后,认定复合谓语就越困难,甚至包括了一些表示思考的动词,如「といえる」「と考えられる」,为了提供对句末的语气研究的研究素材,表2中保留了这些动词。本文把观察的重点放在前4个复合谓语,以下按序各举2例以供参考①。这些例句如果忽略细节,一个共同的特征就是后句都表示根据前句作出的推断,正因为如此,它们才形成了一组意义职能相似的陈述接续词和复合谓语。

(11)「その間に、何かをしようとしたとは考えられない?」「つまり、あたしと敏子さんを外に連れ出すのが目的だというの?」(佐野洋「乱れた末に」)

(12)「いろいろと都合があるといっているのだ」「要するに行かないんですね。」(新田次郎「孤高の人」)

(13) いよいよ大畑が帰って来たのか。すると尾島体制にまた戻るわけだ。(赤川次郎「女社長に乾杯!」)

(14) 一郎だって、国鉄から直接話があったわけじゃないんだから。つまりね、室屋先生が間に立って政治的に解決しようというわけなんだよ。(黒川欣映「兎追い鹿の山」)

(15)「モモが人殺したって? つまり、追われて逃げてるってことだな?」(高村薫「黄金を抱いて翔べ」)

(16) 七分程で、富山発の福井行きの快速電車が来る。ということはこの男が、文なし、或いはけちでも、彼は普通料金で乗れるこの快速列車に乗るに違いない、ということなのだ。(曽野綾子「太郎物語」)

---

① 表2中的「のだろう」「のではないか」「のかもしれない」之所以没有作为「のだ」一并处理,是考虑到上述3种表达形式与「のだ」不同,终助词化的可能性比较小。

(17)「しかしこの利用者は厚生課の名前で管理人に連絡していますよ。これまでにそんな利用者はいますか?」「いませんね。」『すると、何者かが厚生課に内緒で利用したことになりますか?」(森村誠一「明日なき者への供花」)

(18) それから、会には、一割の会費を納めてください。一日に千五百円もらえるから、つまり百五十円を会に納めることになるわけね。(立原正秋「冬の旅」)

　　本文在选择例句时注意到了兼容各个复合谓语间的形态上的变化,如(11)和(12)是「のだ」的两种不同形式。除了与单个复合谓语呼应的用例之外,例句中有不少数个谓语相互连接的例子,比如(14)(16)(18)。那么,在这类句中陈述接续词与哪个复合谓语相呼应呢? 本文在此选取了靠近复合谓语连锁中左端的复合谓语。因为出现在这个连锁中右端的「のだ」「わけだ」接续范围广泛,甚至可能有终助词化的倾向。如果不做这样的假设,就无法解释例(19)这样由3个复合谓语组成的复杂的谓语,实际上真正表示说明的是最左侧的复合谓语,因为没有必要用3个表示说明的相同的复合谓语,因此右侧的两个复合谓语,尤其是最右端的复合谓语很有可能带有终助词的色彩[①]。

(19) 厚生省人口問題研究所の推計によれば、昭和七十年でもなお、四八・七九となっている。日本の「従属人口指数」が今日の欧米並みになるのは、やっと昭和七十五年、つまり今から十八年も先ということになるわけなのである。(堺屋太一「日本人への警告」)

　　[①] 戴(2000)曾经提出依据句子前后关系而存在的ノダ为助动词,依据会话场面而存在的ノダ为终助词,预见了ノダ作为终助词存在的可能性。

值得注意的是,虽然以上例句中复合谓语虽然可以相互连接,但是这种连接的顺序是按照一定规律的,即按「ことになる／ということだ」→「わけだ」→「のだ」的顺序连接,反之则不可。「ことになる／ということだ」中间的斜线表示其中的一个可以与后续复合谓语连接,而它们之间很少相互连接[①]。

中村(1974)提到「つまり」呼应的复合谓语有「のだ」「わけだ」,其中以「のだ」尤为多,在这点上这种判断与表2的检索结果基本一致。他对「要するに」的判断中提到了「同格のダ系」,按笔者的理解可能是指例(5)这样的例句。在例(5)中,现代社会就等于高度抽象的世界,如果把这种关系解读成「同格のダ系」,那么这种用法的例句不属于接续词用法,不在本次考察的范围之内。至于「要するに」和「からだ」的关系从表2可以看出与事实相去甚远,中村认为「要するに」之后很少出现「からだ」,而在表2中「からだ」占有相当的比例。「からだ」是否属于复合谓语,或许还有待讨论,由于篇幅关系,仅举1例以供参考。

(20)「それが学校の運営に影響を及ぼすということは、当然考えられるよ。」「<u>要するに</u>大学にかねが無かった<u>からだ</u>。」(石川達三「青春の蹉跌」)

5. 陈述接续词与复合谓语的层次及其意义

陈述接续词与特定的复合谓语相呼应,在这一点上与陈述副词有相同之处,但是在以下几个方面又与陈述副词有所不同。

---

① 这仅指在本人的语料库检索的范围内是如此,本校教师曾提供了以下类似例句3句。「ただ1つ確実に言えることは、自己啓発のために300時間使っている人と全く使っていない人とでは、長い目で見た場合、非常に大きな差がつく<u>ことになるということである</u>」,说明并不是完全不存在相互连接的句子,但是本文仍然把两者作为相同层次的复合谓语,此外,此句的存在也有利于解释注6中的事实。

首先,这些陈述接续词由于它们表达的意义接近,因此它们都处于近义关系,如果不计细微的语义差别相互之间可以互换,这从表2可以得到证实,换言之,(11)至(18)中的陈述接续词即使互换也不会改变句子的基本意义。

其次,由于它们处于近义关系,所以陈述接续词之间也存在着相互连接的现象,但是它们之间也不是无原则的连接,即按「すると/ということは」→「つまり」→「要するに」的顺序连接,反之则不可。「すると/ということは」中间的斜线表示其中的一个可以与其他陈述接续词连接,但它们之间不能相互连接。各陈述接续词之间的连接情况见表3。

表3　陈述接续词相互连接的情况

	すると	ということは	つまり	要するに
すると	×	×	○(21)	○(22)
ということは		×	○(23)	○(24)
つまり			×	○(25)
要するに				×

表3各栏括弧中显示的是与此相对应的例句,试看以下例句。

(21) イカは海の魚だね。<u>すると</u>、<u>つまり</u>、川の魚が海の魚を食う<u>んだね</u>?…(開高健「パニック」)

(22)「いえ、そんな事は言いません。」「<u>すると</u>、<u>要するに</u>、よろしく頼む<u>ということ</u>かね。」(石川達三「金環蝕」)

(23)「…<u>ということは</u>、<u>つまり</u>、冬の雪のしたではネズミの行動範囲がせまい。そのため巣穴附近の木を手あたり次第、集中的にかじる<u>ということなんです</u>。」(開高健「パニ

ック」）
(24)「君、大成功だよ。ということは、要するに、ウメ子さんは、君に対して、ベタ惚れになってしまったということなんだな。」(源氏鶏太「万事お金」)
(25) つまり、要するに、こういった現象は、遂には呼吸や循環の中枢の機能停止を惹起して、個体の死へと移行するわけなのですがね。(富岡多恵子「子供の仕事」)

从以上陈述接续词和复合谓语的连接情况不难看出「すると」「ということは」间的相互排斥与「ことになる」「ということだ」间的相互排斥存在着密切关系。事实上表2中阴影部分表明「すると」「ことになる」与「ということは」「ということだ」之间存在明显的对应关系。以下表4显示的是复合谓语相互连接的情况，可以看出与表3十分相似。

表 4　复合谓语相互连接的情况

	ことになる	ということだ	わけだ	のだ
ことになる	×	×	○(18)	○(26)
ということだ		×	○(27)	○(16)
わけだ			×	○(14)
のだ				×

表4各栏括弧中显示的是与此相对应的例句，尚未出现的例句补充如下。

(26) ということは、日本人はやはり依然として「涙」好き、ということになるのか。(多田道太郎「しぐさの日本

文化」）

(27) 医学的にいいますと、あの部分がボッキするのは海綿体に血液が大量に流れ込み、硬く膨張する、ということなわけです。（井上ひさし「頭痛肩こり樋口一葉」）

　　在表3、表4中，两张表的阴影部分基本上不可相互连接，却可以与右侧的任何一个陈述接续词或复合谓语相互连接，但是反向连接则不能成立。从上述对应关系可以认为，「すると」基本上与「ことになる」相呼应，「ということは」大致与「ということだ」相呼应。那么为何「すると」与「のだ」「わけだ」呼应的例句反而更多呢？这可能与这两个复合谓语是个"广谱"的复合谓语有关，即它们可以接受所有的陈述接续词的连接。正因为如此，在「つまり」「わけだ」和「要するに」「のだ」之间，虽然也可以认为存在着呼应关系，但至少不像表3、表4阴影部分表现得那么明显。

6. 结语

　　以上，本文观察了陈述接续词与复合助词之间的呼应关系，并且介绍了陈述接续词之间可以相互连接，复合助词之间也可以相互连接，它们相互连接遵循着同一个原理，这个原理通俗地说，就是话者主观介入的程度。由于句末语气研究不是本文的主要目的，简略涉及如下。

　　益岗(1991)曾把「のだ」「わけだ」表示的语气称为"说明语气"，认为后句对前句的说明可以分为"背景说明"和"归结说明"，而「のだ」和「わけだ」分别可以表示归结说明，两者的区别在于前者得出结论以话者自身具备的知识为依据，而后者得出结论以双方共同具有的知识作为依据，即前者更为主观而后者更为客观。笔者认为所谓客观主观，实际上是反映了话者主观介入程度的不同，比如在

(18)中虽然同属推断,但是这种推断无论是谁推断结果都是相同的,而在(12)中推断的结果可能因人而异,也就是说「ことになる」所表示的推断主观介入最弱,而「のだ」所表示的推断主观介入最强。

　　本文所涉及的陈述接续词以及与此相呼应的复合谓语,它们之间的相互连接的顺序实际上就反映了这种主观介入的程度的不同,因此按照由弱至强的顺序,可以归纳为表5。表5只是一种非常粗略的分类,但是可以大致描绘出本文通过观察所得出的结论。

表5　陈述接续词与复合谓语陈述度

主观介入程度	弱		中	强
陈述接续词	すると	ということは	つまり	要するに
复合谓语	ことになる	ということだ	わけだ	のだ

　　至此,可以解释为何「すると」「ということは」相互之间以及「ことになる」「ということだ」相互之间为何不能相互连接,这可能与它们的推断最为客观且属同一层次语气有关①。

　　迄今为止,关于「のだ」「わけだ」等论述非常之多,而对「ことになる」「ということだ」的研究较少②,即便是前者,迄今为止的研究大部分都是针对某个复合谓语的个例研究,或者是两个复合谓语间意义职能上的异同进行探讨,把他们作为意义相近的一组复合谓语置于同一个平台来进行观察和分析的研究比较少。而且迄今为止的语气研究范围有限,而表2提供了以往不被注意的部分动词,这

---

　　①　实际上这两者还是有区别的,比如「ことになる」可以检索到作为定于修饰名词的例句,而「ということだ」则没有发现这样的例句,说明两者虽然同属一个层次,但是后者的陈述度略高于前者。

　　②　戴宝玉(1996)曾论及「ということだ」。

些动词作为语气研究表达的一种形式,理应受到更多关注。希望本文成为引玉之砖,引起今后对复合谓语的研究,尤其是对例(19)所示的复合谓语间相互连接的现象的关注。

参考文献

大槻文彦：1897,广日本文典[M],出版社不明。
桥本进吉：1934,国语法要说[M],明治书院。
　　　　　1948,新文典别记[M],富山房,p. 102。
山田孝雄：1908,日本文法论[M],宝文馆 p. 101—p. 127。
松下大三郎：1930,标准日本口语法[M],中文馆书店,p. 305。
森重敏：1959,日本文法通论[M],风间书店,p. 207—p. 208。
芳贺绥：1962,日本文法教室[M],东京堂出版,p. 175—p. 185。
渡边实：1971,国语构文论[M],塙书房,p. 297—p. 299。
井手至：1973,接続詞 とはなにか [G],品词别　日本文法讲座 6　接续词・感动词,明治书院,p. 44—p. 88。
益岗隆志、田洼行则：1992,基础日本语文法[M],p. 57。
案野香子：1996,副詞の問題点[J],国文学と鑑賞 61-1, p. 88-p. 94。
中村明：1974,接続詞の周辺[G],国立国語研究所論集 4 ことばの研究 4,秀英出版,p. 92—p. 93。
铃木美加：1999,ワケダとトイウワケダの意味機能の違いについて[J],東京外国語大学留学生日本語教育センター論集 26, p. 103—p. 117。
戴宝玉：2000,ノダとその否定をめぐって[J],世界の日本語教育第 10 号,p. 207—p. 220。

益岗隆志:1991,モダリティの文法[M],くろしお出版,p.139—p.147。

戴宝玉:1996,「ということだ」与表示解说的复合助动词[J],日语学习与研究1996年第3号,p.11—p.15。

也谈意志动词和无意志动词

1. 序言

近来国内学界似乎对意志动词和无意志动词(又称自主动词和非自主动词,此处沿用日语的表述,以下视情况并称意志动词)颇为关注,有结合自他动词来探讨意志动词的[1],也有就某个具体动词来讨论意志动词的[2],在此以前有过林泽清(1993)和赵福堂(2004)的相关研究。但是由于这个课题自身的特殊性,国内外的研究进展仍十分有限,问题的关键在于意志动词是基于意义的分类,而且对意志动词的使用缺乏一个全面地把握,因此很难作出一个切实可行的定义。除此以外,对意志动词的研究忽略了如何对待意志动词中的时态和人称,可能也是导致研究迟迟没有进展的一个原因。本文试图通过语料库对迄今为止的与意志动词共现的部分语言形式逐一进行检验,从中发现问题所在,并对意志动词谈一点自己不成熟的见解。

2. 意志动词概念的必要性和定义

意志动词定义对于外语教学是必要的,比如在教授表示目的的

---

[1] 于康(2009:19—25)。
[2] 樊颖(2009:26—32)。

表达时,对「病気が治るように」必须说明「ように」接无意志动词,对「病気を直すために」必须说明「ために」接意志动词①,在这里仅有自他动词的概念不足于法说明两者的差异。因此,意志动词与无意志动词的概念作为动词的辅助分类对于外语教学必不可少,但是相关的研究却不多见。

与自动词他动词相比,意志动词与无意志动词更侧重意义,由于侧重意义,所以除了自他动词以外,它还包括了一般不涉及的「車に乗る」这样的「二格动词」,「新しさを売り物にする」「体力を必要とする」「負担を軽くする」「相違を明らかにする」这样的复合动词,涉及的动词范围更广。自他动词由于侧重于形态,在「新時代を迎える」中的动词虽然意为「特定の時期になる(《新明解国語詞典》)」,不表示动作涉及的对象,与格助词「を」的共现这一形态上的特征使其仍被认为是他动词而不至于引起混乱。而在「東京に出たい」与「真直に行くと広い通りに出る」两句中,虽然它们都与同一格助词共现,却被认为前者是意志动词而后者却是无意志动词,在这里唯一可以成为判断依据的只有意义。

迄今为止的研究大致从意义和从职能两个方面的进行定义,比较经典的定义有二。其一是吉川(1974)的定义,他指出:

(1) 意志動詞:人間の意志的な動作を表す動詞。無意志動詞:人間の意志によってコントロールできないことを表す。

这个定义只是从原理上说明了什么叫意志动词,简单明了,但是仅有原理无法判断意志动词和无意志动词。

铃木(1972)指出:

---

① 前田直子(1995:451—459)。

(2) さそいかけるかたちと命令するかたちを本来の意味でも
ちいることのできる動詞を意志動詞という。そしてこの
意味で用いることのできない動詞を無意志動詞という。

　　这个定义,从形态上规定了意志动词的定义,但是目前命令形在日语中已经很少用,而「誘いかける形」用来表示「本来以外の意味」,即学校语法中的推量用法也很难觅,以「上がる」为例,「上がろう」表示推量的用法笔者在三年的《每日新闻》中只查到 1 例①,限制了依据形态来判断意志动词的有效性。
　　而且按照铃木的说法,用推量形和命令形来测试同一个动词时结果应该是一致的,然而,(3)中动词命令形表示命令,是意志动词,而在(4)中的同一动词表示推量,是无意志动词,按照(2)对同一动词的判断结果如此不同,又使这种判断方法的有效性大打折扣。

(3) おまえはうちにいろ。(高泉淳子「僕の時間の深呼吸」)
(4) 旅に病み、旅に死んで骨を埋めた者もいよう。(福永武彦
　　「草の花」)

3. 先行研究的问题

　　由于意志动词自身缺乏形态上可供辨别的特征,因此迄今为止的研究更注重从意义上来判断意志动词,而意义往往伴生不同的特定的表达形式,因此,田中(1989)指出:

---

　　① 以下语料库涉及《每日新闻》050607 三年的资料,约 1.5 亿字,简称报刊语料库,另一个笔者自建的语料库,取自战后部分,以小说随笔剧本为主,约 0.5 亿字,简称小说语料库,例句如下。「悪趣味、低俗との声も上がろうが、作り手たちにとっては最大級の賛辞。《每日新闻》20070831」

(5)「動詞の持つ意味が意志か無意志かによって、可能表現、使役表現、授受表現、希求表現、命令・勧誘・禁止の表し方、動詞のアスペクトの問題、更に条件文の作り方などにさまざまな変化を生じる」。

杉本(1995)注意到了意志动词与无意志动词并非截然分明而是相互交叉,因此根据两者相互交叉的程度将动词分为6种类型,提出了分两个步骤观察的办法,即先寻求可以有效辨别意志动词的共现形式对动词进行测试,对介于两者之间难以辨别的动词根据意义再进行个别甄别的办法,为此举出了与意志动词共现的形式14种,如(6),举出与无意志动词共现形式7种,如(7)。

(6) 〜う・よう、〜まい、〜う・ようと思う、〜つもりだ、〜たい、命令形、禁止命令形、〜てみる、〜ておく、〜なければならない、可能形、〜て下さい、受給表現、副詞類との共起。

(7) 〜う・よう、〜まい、〜て〜の後件、〜ば〜の後件、〜と〜の後件、〜てしまう、〜副詞類との共起。

从(6)(7)的内容可以看出,其实是对(2)(5)的具体化。但是,(7)在数量上远少于(6),即可以辨别无意志动词的形式很少,除去两者中重复的形式外所剩无几。在剩下的共现形式中,杉本认为意志动词接「てしまう」时多表示完成,而无意志动词则多表示非本意的动作。杉本在「てしまう」处,共举了11条例句,以下为杉本所举的部分用例,括弧中为原作者的注释,数字为该类例句的数量。

(8) 僕は今日中にこの資料を<u>作ってしまう</u>。(意志動詞、完遂,3)

(9) 辛かったこともその内すっかり<u>忘れてしまう</u>よ。(無意志動詞、完遂,1)
(10) かっとなって、強盗の一人を<u>刺し殺してしまった</u>。(意志動詞、不本意,4)
(11) うっかり住所を<u>忘れてしまった</u>。(無意志動詞、不本意,3)

　　上述例句有许多问题值得进一步探讨,比如「忘れる」在(9)和(11)中分别为无意志动词其依据何在,在「約束なんか忘れてしまえ」这样的句中该动词显然是意志动词,关于这点将留至意志动词与副词部分探讨。其次,「作る」也不是单纯的意志动词,比如「コーヒーをこぼして服にしみを作ってしまった」就很难认为是动作主体的意志的反映,由此可见以「てしまう」来鉴定动词的意志性有一定的局限性。
　　再则,上述11句中有8句是过去式,描述的都是已经发生的事态,如(10)(11)。按常识,意志动词既然表示人的意志,那么势必以未来或者即将发生的事态作为描述的对象,比如不能说「昨日、学校へ行け」,因为人的意志无法作用于过去的事态。事实上,定义(1)和(2)虽然没有明言,都是基于这种立场,举推量和命令作为判断意志非意志动词的依据,就是最好的证明,因为推量和命令都只能作用于未来的事态。因此如何看待以过去式结句的中的动词意志性今后是个难题。
　　另一方面,彭(2000)从语义以及动词活用形、动词与体、动词与态、动词与补助动词、动词与「そうだ」等几个方面介绍了研究的现状,文中提及吉川(1989)将「そうだ」分为两种,即作为无意志动词的「暑くなりそうだ」的用法和作为意志动词的「この男ならなにかをやらかしそうだ」这样的第三人称作主语的用法,如(12),并指出如果第一人称作意志动作的主语,必须改成「てしまいそうだ」,如(13)。但是这种关于人称的解释只是基于研究者的主观臆测而已,

对比以下例句可知,第一人称也可用「そうだ」,如(14),第三人称也可用「てしまいそうだ」,如(15),可见人称和「てしまう」并无直接关系。

(12) 河西はおもわずあっと声をあげそうになった。(森村誠一「明日なき者への供花」)
(13) 入った途端、おれは本当に胃袋の中味を吐いてしまいそうだった。(丸山健二「エッセイ・イヌワシ賛歌」)
(14) 私は声をあげそうになった。(三浦哲郎「忍ぶ川」)
(15) 窓の外の青い空や銀色の雲を眺めているうちに、朝子は絹代を尾行していることも忘れてしまいそうであった。(笹沢左保「解剖結果」)

此外,既然意志动词表示的是说话者的意志,那么意志动词就只能局限于说话者,因为他人的意志是不受控制的,事实上日语中几乎没有「彼は行く」这样的表达,而多为「彼は行くと思う」「彼は行くだろう」这样对第三者的行为表示不确定的推测的用法,从这个意义上来说,以第三者作为动作主体的,对一个事实作客观描述的句子,比如(12)(15)是否与意志动词有必然的内在关联,还是一个谜。

4. 语料库检索结果

综合上述日本学者对意志动词无意志动词判断与实际的出入可以看出,即便是日本学者仅依靠直观来讨论意志动词也会出现误判,探讨意志动词首先得从了解意志动词的使用现状开始,而目前最有效的办法是利用语料库来观察实际的使用状况。虽然语料库由于规模和构成内容的限制也不尽如人意,但至少可以以帮助我们比较客观地把握意志动词。

使用语料库必须检索例句首先要设定关键词,然而意志动词的关键词的设定只能借助于与意志动词共现的表达形式。在本文中分别选择了「なさい」和「そうだ」作为关键词。关于「なさい」作为意志动词的关键词,比较容易理解,因为要求对方按照自己的意愿执行某种动作,对动作执行者而言必然是意志动词。关于「そうだ」本文参照了森田(1990)。森田把「そうだ」的用法分为 6 种,即「様态」「推量」「予測」「寸前」「形勢」「非実」,其中表示「様态」的用法主要是形容词,其余的各种用法除了「予測」的「言う」以外,主要用了「成り立つ」「かわる」「落ちる」「増える」「張り裂ける」等其他具有无意志动词倾向的动词,借鉴该研究成果,本文将「そうだ」作为判断无意志动词的共现形式。

选择这两个关键词,还兼顾到了上述人称和时态这两个未知因素,当然两者各有所侧重,「なさい」侧重人称,动作的主体必须是动作的执行者,「そうだ」则侧重该动作尚未实现。由于关键词都有自己的词汇意义,因此检索结果也不可避免地受到意义的限制,但是完全排除关键词对检索结果的干扰是不可能的,这 2 个关键词未必是最好的选择,但是在目前情况下尚无更好的关键词可以代替,且暂用之。

通过对语料库的检索得到「なさい」5 489 例,「そうだ」3 753 例,检索结果的前 20 位如表 1。

表 1　意志动词检索前 20 位高频度动词

	読み	合計	そうだ	なさい
01	ナル	415	362	53
02	アル	314	314	
03	イウ	242	31	211
04	マツ	240		240
05	カエル(帰)	235	7	228

续表

	読 み	合 計	そうだ	なさい
06	ヤメル	216	1	215
07	クル	214	32	182
08	ミル	170	4	166
09	イク	161	27	134
10	デキル	146	146	
11	ヤル	145	23	122
12	デル	132	109	23
13	キク(聞)	132	3	129
14	オシエル	126		126
15	スル	122	16	106
16	ヨス	105		105
17	イル	85	40	45
18	ナク	85	84	1
19	ダス	82	13	69
20	ハイル	81	17	64

从表1可以看出,20个动词中,可以称得上专用意志动词的只有「待つ」「教える」「よす」,称得上专用无意志动词的只有「ある」「できる」,共5个,而其余大部分动词都是两用动词。

但是,这只是以上述关键词检索所得的结果,如果改变关键词,结果自然会有所不同,比如用(6)中的「てみる」作为关键词可以得到例句(16),用(7)中的「〜と〜の後件」可以得到(17)。

(16)「お祖母さま、男の子か女の子かは出来<u>てみ</u>ないとわからないでしょう」(伊集院静「あづま橋」)

(17) おれは頭を下げると末席に座った。(中村祐介「大統領の理髪師」)

显然，例(16)的「てみる」与表示意志的「やってみる」不同，表示一种新的事态，起不到辨别意志动词的作用。此外，按(7)的说法，例(17)句末的动词应该是无意志动词，然而，从后文表 1 可以得知「すわる」也是专用意志动词，此处的「と」同样起不到辨别无意志词动词的作用。由此可知增加关键词未必有效，还可能由于关键词自身的意义干扰，造成新的混乱。有鉴于此，本文仅以表 1 的检索结果作为参考的依据。

5. 意志无意志两用动词的分析

表 1 中 75％的动词都是两用动词，「出る」就是其中一个，它的无意志动词用例多于意志动词，这与这个动词的多义性质关系密切。假如将「出る」的意义可分为出现和移动两大类，就会发现某个共现形式不是与某个动词相对应，而是与这个动词内部的某个词义相对应，如表 2[①]。表 2 显示「そうだ」只和出现这个词义共现，「なさい」只和移动这个词义共现，这种对应关系在表 2 中一目了然，具体例句见(18)(19)。

表 2　共现形式与「出る」意义的对应关系

意　味	合　計	そうだ	なさい
移　動	25		25
出　現	107	107	

---

① 表 2 的「デル」与表 1 有所出入，是因为接「そうだ」的用例中有 2 例为意志动词。

(18)「優しい思いやりに涙が<u>出そう</u>だわね」(村上春樹「海辺のカフカ」)

(19)「お前は、この家を<u>出な</u>さい。」(本調有香「BLUE」)

　　迄今为止的意志动词研究都把动词「出る」作为研究对象,这样势必导致它成为一个两用的动词,但是却没有人注意到它为什么是两用动词。由于大部分动词都是多义词,所以其结果大部分动词都表现为两用动词。然而,以前的研究只把观察的对象停留在动词这个层面上,对意志动词的研究帮助有限。杉本用了 21 种共现形式试图剖析意志动词,却未能达到预期效果,这与对研究对象缺乏深入了解不无关系。

　　这样的例子不胜枚举,比如常见还有动词「行く」,它既有作为意志动词的「行きなさい」的用法,也有「うまくいきそうだ」这样的无意志动词的用法。

6. 意志无意志专用动词的分析

　　如前所述,由于以前的研究都把动词作为研究对象,导致大部分动词都属于两用动词,但从表 1 可以看出仍有少量的动词属于专用意志动词或专用无意志动词,笔者从同一语料库中抽取出了分别只属于某一方的动词,列表如下:①

表 3　意志无意志单一动词前 15 位

	01	02	03	04	05	06	07	08	09	10	11	12	13	14	15
意志動詞	まつ	おしえる	よす	ゆるす	すわる	もらう	まかせる	やすむ	たすける	かえう	おもう	つづける	しんじる	だまる	ねる

① 以下由于检索软件的关系,「いえる」「なれる」「いける」分别为可能动词。

续表

	01	02	03	04	05	06	07	08	09	10	11	12	13	14	15
無意志動詞	ある	できる	いえる	とどく	はちきれる	おちる	つまる	にあう	なれる	こぼれる	きえいる	ぶつかる	いける	きれる	くずれる

表3在一定程度上反映了意志动词的一个倾向,表中列举的都是意志动词或无意志动词专用动词。但是由于意志动词最终取决于前后文语境,所以即使是表3的专用动词仍有例外,无意志动词也可以表示命令,如以下(20)(21),因此在无意志动词内部也有程度之分,试看以下例句。

(20) ほら、からだごとぶつかってみなよ。(今野勉「一宿一飯」)
(21) さっさと地獄へ墜ちろ。(井上ひさし「頭痛肩こり樋口一葉」)

此外,虽然没有找到意志动词直接用作无意志动词使用的用例,但是,对动词的形态稍加改变就可找到相关的用例,比如,根据表3,「待つ」「教える」也是专用意志动词,但可以找到以下无意志动词的用例。

(22) もしかしたら明日の朝までだって待っていそうな様子です。(黒井千次「羽根と翼」)
(23) こんどは和子がもっと何か教えてくれそうなので、輪香子も思わず、受話器をかたく耳につけた。(松本清張「波の塔」)

动词「待つ」「教える」虽然都是意志动词专用动词,但是如果在

句中表示正在进行的状态、授受关系或可能态的时候就表现出无意志动词的特性。由此看来,仅深入到每个动词的具体词义还不够,还要观察该动词的具体用法才能决定它是否是意志动词,这使得意志动词的分类变得艰难,而在现阶段对在何种情况下意志动词或无意志动词可以改变它的性质缺乏全面了解,目前对这种转换机制尚不明了。

7. 关于意志动词与副词

据杉本称,意志动词如果和特定的副词共现,可以改变动词的性质,如「わざと」「あえて」具有意志化的作用,可将无意志动词意志化,而「うっかり」「つい」具有无意志化作用,可使意志动词无意志化,试看以下例句[①]。

(24) 花子はゴールの前でわざと転んだ。
(25) 太郎は貴重品をうっかり捨ててしまった。

但是笔者对把副词作为意志动词的判断基准深表怀疑。比如在以下例句中,两个作用完全相反的副词同时修饰同一个动词,按照(6)(7)的说法,势必导致同一个动词同时可以成为意志动词或无意志动词,然而在该动词的语义和前后语境完全相同的情况下,断言它具有双重性质,难以令人信服。

(26) わざとかうっかりか、手紙のあて名を大石小石先生と書
いてきたりするのだが、(壷井栄「二十四の瞳」)

---

① 由于杉本没有提供合适的例句,以下例句转引自彭(2000)。其实,副词可以左右意志动词的说法最早可以追溯到吉川武时(1974),目前几乎已经成为一种定论。

那么,部分副词是否真的在辨别意志动词时起到了应有作用呢?杉本认为「うっかり」可起到意志动词的无意志化的作用,其实,例(9)(11)都是意志动词,如「嫌なことは忘れろ」,真正的无意志动词是不能接受「うっかり」的修饰的,因为只有可付诸实施的含动作主体意志的动作才可能被疏忽,很难想象有「うっかり困ってしまった」「うっかり雨が降った」等与动作者意志无关的表达。以下的「入る」也是意志动词,如(27)(28),(28)借用杉本的例句。

(27)「部屋に入れ」ケンジは女に命令した。(桐野夏生「残虐記」)
(28) うっかりして立入禁止の芝生の中に入ってしまった。(杉本、意志動詞、不本意)

笔者对表 3 前 5 个无意志动词作了检索,只发现了「できる」这样的例句,如(29):

(29) この種の骨折は、ちょっと目には、別に何ともないように見える。しかし、それをほったらかしていると、後から長軸方向の成長に影響が出て、変形がおこったりするから、うっかりできない。(山内逸郎「子育て——小児科医の助言」)

但是如果参照(30),就可知「できない」实际上是指「することができない」,与一般的「できる」有所不同。

(30) うっかり口にだすことはできないものの、同僚たちは[中略]反感の感情を抱いて彼を眺めていた。(開高健

「パニック」）

由此可见(25)的动词相当于无意志动词是一种误解。「うっかり」的真正意义在于表示对原本可控制的意志的失控,它所表示的意义,与其说是无意志的行为,不如说是无意识的行为更为准确,有无副词并不改变动词的性质,如(31)(32):

(31)「だって、岡部さんて、ついうっかり<u>喋っちゃいそうな</u>気がして心配なんだもん。」(宮本輝「葡萄と郷愁」)
(32) もっとグイグイ問いつめられたら、甲吉は、何もかも<u>しゃべってしまいそうな</u>気がして、不安でならなかったのだ。(石坂洋次郎「山と川のある町」)

其次,「わざと」也只能修饰意志动词,无所谓无意志动词的意志化,如(33)(34),「歩け!」「黙れ!」是很常见的表达。因此「わざと」同样不可修饰无意志动词,比如「わざと困ってしまった」「わざと雨が降った」。例(24)在现实生活中确实存在,但是它和例(21)的「墜ちる」相同,在常态下一般用作无意志动词,但有时却可以用作意志动词,当然这种变化不是由副词带来的,如(35)(36)中并没有副词参与。

(33) 長い廊下を彼はわざとゆっくり<u>歩いた</u>。(石川達三「金環蝕」)
(34) 世話方はわざと<u>だまっている</u>ようであった。(丹羽文雄「青麦」)
(35)「何を申すのですか」「<u>転べ</u>と、な」老人は扇子を鳴らして笑った。(遠藤周作「沈黙」)
(36) 課長(足をかけて)てめえが<u>転べ</u>。(有吉佐和子「ふるあ

めりかに袖はぬらさじ」)

　由此可见,相对「うっかり」是无意识的状态而言,「わざと」表示有意识的,故意的状态,它们都必须以动作执行者意志可以控制的意志动词作为修饰的对象,正因为如此,这两个副词在例(26)中才可以修饰同一个意志动词而不发生相互冲突。根据上述观察,可以认为副词可以左右意志动词的定论只是日本学者的一种误解。

8. 结语

　本文依据语料库检索的数据对与意志动词和无意志动词的共现的部分表达形式作了检验,结果表明这种形式不是与动词共现,而是与动词内部的某个意义共现,由于动词大多为多义词,所以大部分动词都是两用动词。动词中也有少量只用作意志动词或无意志动词的,但是它们意义的细微变化,或是形态上的复杂变化都会改变它们作为意志动词的性质。在目前阶段,要找出影响动词意志性的各种要素并梳理归类,排除那些似是而非的共现形式,时机尚未成熟。本文只是对后者略加考察,对意志动词与人称时态的关系也只是提出疑问,更艰苦细致的大量研究还在后头,因此目前要对意志动词下一个可操作的、完整的定义尚不具备条件。

　此外,对副词能否辨别意志动词,本文以大量例句说明迄今为止的研究多依靠主观臆测因而导致误解,副词并不能起到改变动词意志性的作用。

　对意志动词的研究结果表明,语言研究仅靠直觉很容易只停留在事实的表层而深入不到事实的内部,因此而作出貌似合理,而实际上可能破绽百出的判断。所以必须以批判的态度来审视前人的

研究,当然不能只停留在批判上,在这个意义上,发现并梳理影响动词意志性的因素,是意志动词研究今后必须先走的第一步。

参考文献

于康:2009,日语他动词分类的可行性与他动词的意志性[J],日语学习与研究第 5 期,p. 19—p. 25。

樊颖:2009,自主动词和非自主动词的语义及句法特征——以动词「みせる」为例[J],日语学习与研究第 4 期,p. 26—p. 32。

前田直子:1995,「スルタメニ、スルヨウニ、シニ、スルノニ」[J],宮島達夫・仁田義雄編『日本語類義表現の文法(下)』,くろしお出版,p. 451—p. 459。

林泽清:1993,意志、无意志动词的划分及使用规律[J],日语学习与研究第 3 期,p. 11—p. 21。

赵福堂:2004,再论自他区别及相关问题——兼论意志动词、无意志动词和自发性动词[J],日语学习与研究第 4 期,p. 19—p. 23。

吉川武时:1974,日本語の動詞に関する一考察[J],东京外国语大学外国语学部附属日本语学校:日本语学校论集(1),p. 67—p. 76。

铃木重幸:1972,日本語文法・形態論[M],麦书房,p. 318。

田中稔子:1989,現代日本語文法の問題点(四)自動詞と他動詞か・無意志動詞化と意志動詞か[J],東京至文堂:国文学解釈と鑑賞,(54—7),p. 181—p. 187。

杉本和之:1995,意志動詞と無意志動詞の研究——その一[J],愛媛大学教養部:愛媛大学教養部紀要(28—3),p. 47—p. 59

彭广陆:2000,日语自主动词、非自主动词初探,日语语言文化

论集 2[G],北京出版社,p. 157—p. 165。

　　森田富美子:1990,いわゆる様態の助動詞「そうだ」について——用法の分類を中心に——[J],東海大学紀要:留学生教育センター(10),p. 55—p. 70。

关于派生动词「～化する」的
自他连续性

1. 序言

　　日语动词按是否能带宾语,可以分为自动词和他动词,相当于中文的不及物动词和及物动词,除极少数动词是身兼两类外,普通的动词都是非此即彼,或属于他动词或属于自动词,如「たてる」是他动词,而「たつ」是自动词,这种对立的自他动词的存在,使得日语的「自動詞と他動詞を、『他動性』という概念のもとに程度の差として、あるいは連続的なものとしてとらえるというような発想を持ちにくくさせている」①。不过,语言现象从本质上来说,是连续性的,而不是非此即彼的。但是就普通动词而言从连续性这个角度进行观察确实比较困难,因为动词的形态已经制约了该动词的自他性,所以要寻求动词在自他性上的连续性只能把目光转向一些形态与词性关系无直接关联的动词。

　　名词加后缀构成的派生动词就是这样的动词,他们的自他性比较暧昧。比较典型的派生动词有「～化する」,如「本格化する」「表面化

---

　　① 須賀一好、早津惠美子(1995):『動詞の自他』p.226。该文同时介绍了从连续性这一角度对动词的自他性进行研究的如下论文,不过它们似乎都是以普通动词作为研究对象的。
　　a. ウェスリー・M・ヤコプセン(1989):「他動性とプロトタイプ論」,『日本語学の新展開』,くろしお出版。
　　b. 工藤真由美(1990):「現代日本語の受動文」,『ことばの科学』,むぎ書房。

する」等,一般词典收这些派生动词回避他们的词性。词典的这种处理,固然有词典篇幅有限不能面面俱到的原因,另一个重要的原因就是在靠手工作业编撰词典的年代要把握派生动词的词性,几乎是不可能的。然而,在计算机的软硬件都取得飞速发展的今天,只要有大量的语言素材即语料库,对这种派生动词的自他性的把握并非难事。

关于「～化する」,田窪(1986)[①]指出既有自动词,也有他动词,「他の多くの例は、自他両方の用法を持つ。自他のどちらが優勢であるかの傾向がなんらかの理由で定まるものもある」本文只注重派生动词的自他性,对自他性形成的原理,不予深究。此外,池上(2000)[②]也利用语料库对「～化」进行了统计,池上使用的是理工科的文献,总字数为 101 万字,共检索到 1 747 个用例(延べ語数),316 种(異なり語数)。其中,自动词用例为 42 例,他动词用例为 68 例,自他性难以断定的有 7 例,自他兼用的有 5 例。由于该研究使用的语料库的规模和内容不同,所以和笔者统计的结果有很大的出入。

笔者这次使用了每日新闻的 1996、1997、1998 三年的全部文章,折合文字约 20 000 万字,有了如此规模的语料库,可以比较精确地定位一些常用词的使用现状,检索所得例句具有一定的量也保证了检索结果的可靠性。但语料库本身也并非万能,再大的语料库也不可能毫无疏漏又不偏不倚地网罗所有的语言现象,因此利用语料库进行研究也有局限性,但是比较以往的手工作业或是单凭主观臆测的研究方法,无疑是一个巨大的进步。

2. 数据处理

笔者这次利用语料库对动词的自他性作的研究,大致可以分为

---

① 田窪行則(1986):「—化」,『日本語学』3。
② 池上素子(2000):「『～化』について—学会抄録コーパスの分析から」,『日本語教育』106 号。

三步,即例句检索,信息加工,和观察分析。使用报刊上的文章作为检索的对象,是考虑到「～化する」类的派生动词在报刊上出现频度要高于以小说为主的语料库[①]。在检索过程中首先排除了作为动词使用的「焦土と化した」这样的用例,也排除了作为名词用的「薄型化、軽量化もここまできた」这样的名词用例,此外还删除了已经进化为一个单词的「～化する」动词,比如「劇化する」「石化する」,判断该动词是否已经进化,以新明解词典的收词作为参考依据,把检索对象限定于「～化する」「～化させる」「～化される」。

经上述处理后,共得例句 11 536 句(延べ語数),前接名词的种类共 917 种(異なり語数),其中使用频度最高的是「本格化する」,共 798 例,「表面化する」次之,为 758 例。使用频度最高的前 15 位派生动词见表 1,共计 4 663 例,占了总数的 40.3%之多,与此相反,有 382 例的派生动词的使用频度仅为 1,如「少子化する」全部相加也只不足总数的 3.3%,分布极不均匀。

表 1 使用频度最高的前 15 位派生动词

本格	表面	深刻	活性	活発	具体	長期	自由	問題	一本	映画	多様	民営	正当	商品
798	758	359	311	288	282	267	260	214	211	202	184	182	179	169

从派生动词的构成种类来看,接所谓的汉语词汇的有 727 种,如「料金を明確化した」,接外来语的有 171 种,如「グローバル化した経済」,接日本固有单词的有 4 种,如「肉体労働がじり貧化する」,直接接英语的有 1 种,如「CD-ROM 化する」,另有接后缀的 14

---

① 关于以小说为主的语料库和以报刊为主的语料库的差异,参见戴宝玉(2002):「異なるコーパスによる出力結果の相違について」,『中日对译语料库的研制与应用研究』,外语教学与研究出版社。

种,如「遊休地化した国公有地」。另有部分复合名词则按后项名词的性质分别纳入上述类型之中,如「光ファイバー化する」作为外来语来处理。上述派生动词的构成充分显示了汉语词汇的巨大的造词能力,高频度派生动词的前接词都集中在汉语词汇中,以下就以表1的派生动词为例探讨派生动词的自他性。

表1的15个派生动词中有的因为格助词的介入,他的自他性认定比较简单,如(1)(2)分别为自动词和他动词,句末的数字表示该文的出处。

(1) 裏金作りが本格化したのも、この時期だったとされる。970326

(2) 運輸省の処理案づくりを本格化する意向を示した。970419

对以下例句,由于不存在使役的对象,在此认定为自动词的他动化,原来的派生动词作自动词处理。

(3) ヤオハンジャパンは、海外進出を本格化させた1990年代前半から…970919

对(4)这样的例句,由于不存在被动句中原有的动作主体,因此可以认定为他动词的自动化,此处原有的派生动词可以理解为他动词。

(4) その意味では、じわじわと進行していた画面の変動は、新連作「身を起こした蛇のために」を介して一挙に表面化されたともいえよう。981109

此外,对(5)这样的作定语用的例句或单独使用的例句,以及

(6)(7)这样的例句中由于接在提示助词之后无法分辨出自他性,都按词性不明处理。对(8)这样的例句因为が格表示动作的主体,因此也按词性不明处理,不在本次观察范围之内。

(5) 共和、民主両党の予備選で<u>本格化する</u>米大統領選挙。960101
(6) 救助作業<u>は本格化する</u>が、これからどのくらいかかるのか。960214
(7) 国会論戦<u>も本格化する</u>中で、いよいよ真価が問われる。980824
(8) だが今回の場合、日本<u>が自由化する</u>といっている。960723

通过对上述例句的整理分类,可以认为派生动词的自他性大致有五种形式,即(1)的自动词,以下表2简称"自"。(2)的他动词,简称"他"。(3)的自动词的他动化,简称"使"。(4)的他动词的自动化,简称"受"。另有例句(5)(6)(7)(8)的无法判断自他性的例句,不列入下表。按照这个分类,笔者对表1的动词分别进行了统计,由于各派生动词使用频度不同,为了便于比较,分别折算成百分比列表如下。

表2 高频度派生动词自他性比例[1]

	本格化	表面化	活性化	活発化	具体化	深刻化	自由化	正当化	長期化	一本化	映画化	問題化	多様化	商品化	民営化
自	78.6	94.9	18.8	64.3	26.3	86.5	1.6	0.7	92.8	4.4	0	95.2	79.8	2.7	8.5
受	0	0	3.3	0	1.8	0	47.5	2.6	0	7.4	23.4	0	3.6	20.3	39.4

---

[1] 表1和表2中的动词排序不同是因为表2中删除了(5)(6)(7)(8)这样的例句,频度发生了变化。

续表

	本格化	表面化	活性化	活発化	具体化	深刻化	自由化	正当化	長期化	一本化	映画化	問題化	多様化	商品化	民営化
他	5.0	0	54.3	6.1	64.5	0.5	50.8	94.7	2.2	88.1	76.6	3.8	11.9	77.0	52.1
使	16.4	5.1	23.7	29.6	7.4	13.0	0	2.0	5.1	0	0	1.0	4.8	0	0

3. 数据分析与结果

表2的数据显示,笔者对动词自他连续性的推断不是没有根据的,即派生动词的自他性并不是非此即彼,而是连续性的。同样是「～化する」,「問題化する」的自动词程度最高,而「正当化する」的自动词程度最低,与此相反,前者的他动词程度最低,而后者的他动词程度最高。如果说表1的4 663个例句在数量上足以观察这些动词的使用实际状况,那么上述数据显示的「問題化する」的自高他低和「正当化する」的自低他高的调查结果,绝非偶然。由此可认为,「問題化する」作为自动词,「正当化する」作为他动词分别位于一条线的两端,而其他的派生动词则分布于两者之间,其间的关系。将表2中的(自)和(受)合并为自动词,(他)和(使)合并为他动词,对它们进行处理,可以用直观的方法来表示它们之间的关系,如表3。

表3显示了各派生动词的自动词和他动词实际使用的百分比,粗略地反映了动词的自他性间的相关关系。本表的X轴以各派生动词的他动词使用频度作为基准而排列,他动词描绘的曲线自左向右平缓上升,自动词描绘的曲线则自左向右平缓下降,反映出某派生动词作为他动词的特性越强,他的自动词特性就越弱,反之亦然,位于中间的是一些两者势力均等的动词。因此表3动词的顺序大

表3 高频度派生动词自他性分布

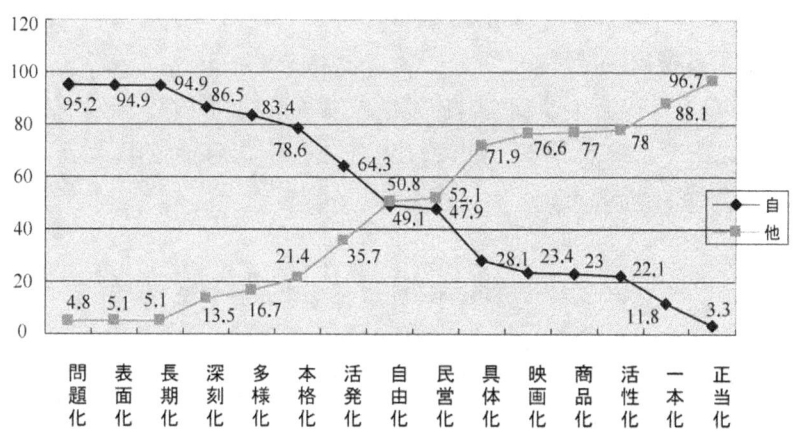

致也反映了这15个派生动词按自他性质的排序,即越是靠近左侧的动词自动词化程度越高,越靠近右侧的动词则他动词化程度越高。

表3涉及的派生动词只限于15个,完全按照使用频度选取,如果语料库规模更大,选择的高频度派生动词更多,比如选取30个派生动词,那么表3的两条曲线应该表现得更为平缓和对称。

4. 准自他动词的介入对自他连续性的影响

表3向我们揭示了一些在普通动词中无法观察到的事实,在有助于我们更全面地理解动词的自他性的同时,也向我们提出了一些新问题。

（Ⅰ）在表3中所有的动词都同时存在自他两种用法,区别只是何种用法占优势。即使是「正当化する」这样的动词,它虽然本次没有发现「～が正当化する」这样的用例,却检索到了「～が正当化される」这样的准自动词用法。可见,本文所涉及的派生动词从本质

上来说都是自他兼有型的,这种特性尤其反映在表3居中的一些动词,而在一般动词除了个别自他兼有形的动词,如「生じる」「増す」外都不具备这种特性。

（Ⅱ）上述派生动词的自他词性以多种形式的并存。比如「本格化する」,它有三种形态。如(9)(10)(11),例句后括弧中显示了该类型例句的使用频度。

(9) イランの大統領選挙に向けて、立候補予定者の活動<u>が本格化</u>してきた。970302(584)

(10) 「フォローアップ検討会」の活動<u>を本格化</u>している。980523(29)

(11) 新進党の羽田孜元首相は、年内の旗揚げを目指し活動<u>を本格化させた</u>。961210(96)

其中(9)是自动词用法,(10)是他动词用法,(11)属上述自动词他动化用法,即准他动词用法,例句后括弧中的数字是实际使用频度。从这三个例句可以看出「本格化する」是个自动词程度较高的动词。值得注意的是(11)准他动词在三者占有相当的比例,达到16.4%,起到了弥补这个派生动词缺少他动词的不足。

与「本格化する」相对的是「一本化する」,有自动词用法(12),他动词用法(13),准自动词用法(14),从下面例句可以看出「一本化する」是个他动词化程度很高的动词。

(12) 水面下で始まったが、後継<u>が一本化する</u>までの道のりは不透明だ。980714(16)

(13) サービス改善を目的に窓口<u>を一本化する</u>。970614(119)

(14) 政府の兵器調達を引き受ける業者団体<u>が一本化された</u>。970909(10)

可见「一本化する」是个他动词程度较高的动词,与「本格化する」相反,为了弥补自动词用法的不足,它的(14)准自动词用法也占到了三者的 6.8%。

(Ⅲ) 作为(Ⅱ)的延伸,既然从结果上来说,(10)(11)都用作他动词,(12)(14)都用作自动词,那么两者间存在何种相关关系,自然成为人们新的关注点。这种自动和准自动,他动和准他动的同时存在反映了由于缺乏形态上的特征,日本人对自他性判断上的落差,而这种落差恰恰反映了这了动词的自他性是非此即彼的。

在一般动词的研究中,也曾有学者论及自动词的使役态和他动词的区别[①],如青木(1977)指出「学生を集まらせる」是表示促使具有意志和主体性的对象实现某个动作,而「学生を集める」则是无视对象的意志和主体性。此外,井口(1998)举「ミノウミウシが毒手を発射する/させる」为例,认为「発射する」通常只作他动词用,在句中用使役助动词只是假设一个事实不存在的自动词,因此,此处「発射させる」只作他动词用,而不具使役的意义[②]。以上研究尤其是后者对本文提出的准自他动词的见解提供了有利的旁证。不过全面论及自他动词与使役被动态关系的论文,似乎至今尚无。

上节谈谈到了(11)(14)的准他动词用法和准自动词用法,并指出了他们在弥补各自他动词或自动此不足时起到的作用,那么如果没有这些准自动词或准他动词的补充,这些高频度派生动词将会变得如何呢。以下试看只以表 2 中的(自)和(他)做出的统计结果。

将表 4 和表 3 相比较,非常直观地可以看出如果没有准自动词准他动词的介入,这些动词的自他性分布曲线变得高低不平,「表面化する」完全丧失了作为自动词的用法,「商品化する」完全丧失了

---

① 如青木怜子(1977):「使役——自動詞・他動詞との関わりにおいて」,『成蹊国文』10、井上和子(1976):『変形文法と日本語(下)』,大修館書店。
② 井口裕子(1998):「漢語サ変動詞の使役文に関する一考察」,『東京大学留学生センター紀要』8。但是「ロケットが発射する瞬間」这样的句子如果属正常的日语,那么他就等同于(12)(13)(14)之间的关系,这种关系目前还是个未知数。

表 4　没有准自动词准他动词的自他性分布

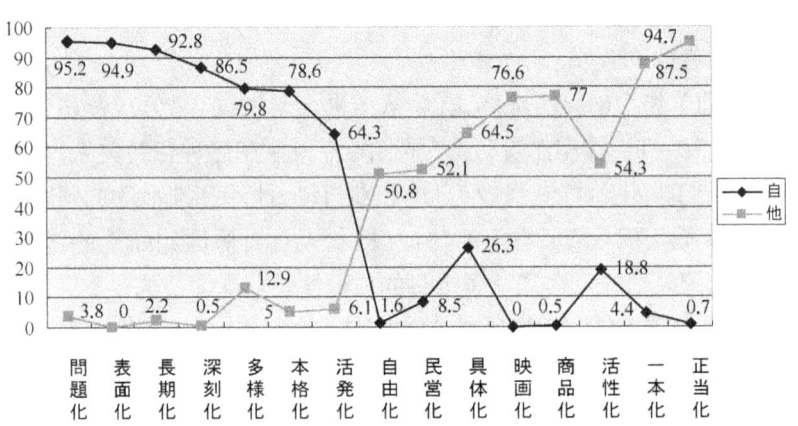

作为他动词用法,变得残缺不全。显然这是不能满足实际表达需要的。从以上观察和分析中可以看出所谓的被动助动词和使役主动词在改变动词自他性上发挥出来的重大的作用,对由于这些助动词的介入使得表 3 的两条曲线变得如此完美,不得不对隐藏在现象之后的动词自他性的规律表示由衷的赞叹。

5．结论

以上通过对语料库检索结果的分析观察,证实了「問題化する」作为自动词,「正当化する」作为他动词分别位于一条线的两端,而其他的派生动词则分布于两者之间,它们之间的关系是连续性的,而且所有的动词都具有自他兼有的特性。这个事实对以往的动词的自他性非此即彼的关系提出了新的挑战,同时也提出了一些新的问题,对由「られる·させる」构成的动词与原有的动词之间的意义上句法上的关系提出了新的挑战。

关于后者,仅有对「表面化する」这样的派生动词的观察分析显

然是不够的,因为类似的现象还存在于サ变动词、形容词和副词之中,比如「オープンする・オープンさせる」「心を暗くする・心を暗くさせる」和「どきどきする・どきどきさせる」等,他们的自他性都不受形态的约束,也存在对自他性判断的落差。只有把这些派生动词一并纳入研究的视野,才可能摆脱仅限于对一般动词观察的束缚,对动词的自他性有个更为全面的理解,本文的目的在于利用语料库说明派生动词的自他性的连续性,并指出一些由此带来的新问题,也为今后继续深入研究自他性及相关问题指出了新的课题。

关于单汉字サ变动词的分化问题

1. 何谓单汉字サ变动词

　　日语中的サ变动词在动词中具有举足轻重的地位,他可以和日语固有词汇、外来语和汉语词汇构成复合サ变动词,用途广泛。以汉语词汇为词干的复合サ变动词大部分由两个以上的汉字组成,也有一些是由单个汉字组成的,以下简称由单个汉字构成的サ变动词为单汉字动词。铃木(1972)将单汉字动词分类如下,符号为原文所用。

　　　e　愛する　解する　熟する　託する　復する　訳する　略する
　　　f　察する　決する　達する　熱する　接する
　　　g　案ずる　演ずる　信ずる　転ずる　論ずる
　　　h　応ずる　講ずる　通ずる　命ずる　報ずる
　　　i　重んずる　軽んずる　疎んずる
　　　j　先んずる　諳んずる

　　很显然,上述分类是以单汉字的语音上的特征作为分类的基准的,本文结合サ变动词形态上的特征,在下文中将这些动词归纳为三大类。

　　由两个汉字组成的复合サ变动词词干独立性强,可以作名词单独使用,而单汉字サ变动词的词干几乎不能独立使用,由于依附于スル而存在,使得单汉字部分与后续的スル逐步形成一个完整的,不可分割的动词,既然作为一个动词,而且数量有很少,就容易发生

变化,向其他活用形的动词演变。铃木(1972)中谈及了 g、h、i、j 类动词的一段化,如「応じる」,也谈及了 e 类动词的五段化,如「愛す」,但是未涉及 f 类动词的一段化,如「察しる」。本文将上述动词向一段和五段的转化统称为单汉字动词的分化。

邱根成(1999)对《新明解国语词典》第四版等词典作了调查,据称常用的单汉字サ变动词约有 50 个,它们与两个汉字组成的复合サ变动词不同,不能构成「愛はする」「愛できる」,指出了它们作为动词已经高度一体化。

单汉字动词的分化因动词的类别而不同,各类动词下属各个动词的各个活用形的使用频度也不一致。本文从某语料库①抽出数个代表性动词,观察各类动词分化的不同状况,并探讨导致各类单汉字动词分化的潜在动因。

2. g、h、i、j 类单汉字动词的一段化

单汉字动词的分化中,所属动词最多的是 g、h、i、j 类动词,这些分化后的动词不仅被一般词典所认可并加以收入,两种动词并存,而且正在逐步取代原有的サ变动词,这种变化的趋势可从表 1 略见一斑。

表 1 　单汉字动词的一段化

	未然被動	未然否定	終止	連体	仮定	命令	小計
一段化	信じられ 777	信じない 195	信じる 9	信じる人 313	信じれば 11	信じろ・よ 4	1 309
单汉字	信ぜられ 15	信ぜず・ぬ 8	信ずる 13	信ずる人 138	信ずれば 1	信ぜよ 3	172

---

① 字数 3 700 万,收入从 1900 年至 2000 年的文章 220 篇,按年份排列。内容涉及小说、剧本、随笔、论说文、对谈等。但各年代、各领域在收入量上不尽相同,且总体规模有限,为了避免遗漏,必要时从网上检索部分例句加以补充。

关于动词的活用有不同见解,但这不属本文探讨的范围,此处只是借用学校语法的活用表来对动词的活用形态作一分析[①]。表1与学校语法的活用表不同之处有二,一是表中没有连用形,这是因为单汉字动词「信ぜる」「信じる」两种连用形形态完全一致无法区分,因此也无法分别统计;其次是未然形分为两种,这是考虑到这两种未然形在语法功能上有必要区别对待。从表1可以看出,就总的使用频度而言,一段动词已经远远超过了サ变动词,就各个活用形来看,除终止形略有逊色外,其他的各活用形均不同程度地多于サ变动词,其中以未然被动尤为突出。因此,单汉字サ变动词的一段化已是大势所趋,但下属动词的一段化进程具体进度不尽相同,如表2。

表2 一段化动词各个活用型

	信じる	通じる	応じる	論じる	重んじる	諳んじる	小计
未然被動	777	1	10	30	3	0	821
未然否定	195	142	68	5	20	0	430
終止	9	20	12	2	27	0	70
連体	313	210	65	55	1	1	645
仮定	11	5	0	0	0	0	16
命令	4	0	0	0	0	0	4
合計	1 309	378	155	92	51	1	1 986

在表2中不同类的动词在使用频度上差异悬殊,使用频度较高的活用形集中在未然,连体和表中没有列出的连用形。用频度低的

---

① 由于终止形和连体形在形态上没有区别,实际操作时判断相当困难,为了检索方便本文中的终止形用法都是限后续句号的用法。除此以外的同形态的用法都归入了连体形,因此,连体形的统计数据要多于实际用例。

动词活用形空缺较多,这与语料库的规模偏小有关外,某些动词正在逐步消亡也是一个重要的因素,如「諳んじる」。此外命令形用法和假定形用法之少,也引人注目①,命令形用法之少,除了与命令形本身日趋衰退逐渐演变为表示要求愿望外,还与动词本身的意义有关。假定形用法之少则与现代日语中假定的表达形式更多地向ト和タラ转移有关。总的来说,虽有种种差异,单汉字动词的一段化在整体上基本已经完成。

3. e类单汉字动词的五段化

　　五段动词转化的单汉字动词局限于 e 类动词。其中用的最多的是「愛す」,「愛す」「愛する」的各活用形的分布和频度见表3。

表3　单汉字动词的五段化

	未然被動	未然否定	終止	連体	仮定	命令	小計
五段化	愛され182	愛さない11	愛す4	愛す人6	愛せば0	愛せ1	204
单汉字	愛せられ6	愛せず・ぬ8	愛する12	愛する人352	愛すれば4	愛せよ8	390

　　动词「愛す」和「愛する」从统计的数据来看目前处于相互抗衡的阶段,使用频度较高的活用形集中在未然,连体等活用形,在这一点上与上述一段化的动词相似。虽然「愛す」在未然否定和未然被动上占有优势,但在其他活用形上仍是「愛する」占了上风,尤其在

---

　　① 虽然表2命令形和假定形的空缺较多,但从网上可以检索到「分析結果について論じろ」「交渉に応じれば」「個性を重んじろ」「電話番号を諳んじれば」等例句,因此作为一个类别的动词已具备了所有的活用型。

终止和连体形上表现比较明显。与单汉字动词的一段化比较,「信じる」的一段化已经占了总数的 96%,而「愛す」的五段化只占总数的 34%,由此可见,五段化尚不足在整体上于取代サ变动词,而是在各活用之间各具优势,优劣互补共同完成各种表达的需要,而这种互补的动因比较复杂。有的似乎是为了词形的短缩,如「愛せられる→愛される」;有的似乎是避免与文言文造成冲突,如「愛す→愛する」;有的似乎仅仅是因为该词形尚没有取得一致的认可,如「愛せば→愛すれば」,因此在实际的语言生活中虽然可以看到两种用法,如(1)(2),但是一般以后者比较常见。

(1) われら兄弟を愛するによりて、死より生命に移りしを知る、愛せぬ者は死のうちに居る。(三浦綾子「塩狩峠」)
(2) そしてこの、だれも愛さない女、犬や猫も愛さない女は結婚してパパの妻になり、あたしの母になったのでした。(倉橋由美子「聖少女」)

以下是几个典型的五段化动词。

表 4 五段化动词各个活用型

	愛す	訳す	解す	託す	介す	害す	小計
未然被動	182	25	17	14	0	3	241
未然否定	11	1	7	1	10	2	32
終止	3	0	0	2	1	0	6
連体	6	24	1	8	0	0	39
仮定	0	10	1	0	0	0	11
命令	1	1	0	0	0	0	2
合計	203	61	26	25	11	5	381

表中可以看出,五段化动词的使用频度要大大低于一段化动词,单汉字向五段化的过渡尚无明显优势。命令形和假定形用法之少,原因与一段化动词相同。其中,「愛す」的终止形比较复杂,既可以认为是五段动词,也可以认为是サ变动词。因为文言的サ变动词的终止形是ス而不是スル。因此只能根据作品的年代以及前后文关系来综合判断,如(3)是サ变动词,(4)是五段动词。

(3) 須らく人を愛すべし。(夏目漱石「我輩は猫である」)
(4) それは祖国の文化、伝統、自然などをこよなく愛すという意味である。(藤原雅彦「祖国とは国語」)

由于总体上使用频度较低,某个活用形的使用频度相对高就显得十分突出。比如「介す」的未然否定占了所有活用形的90％以上,而这10例中有8例为「意に介さない」这样的惯用表达所占。在表4假定形一栏中,「訳せば」占了所有假定形用法的90％以上也是出于同一道理,此处虽不属惯用表达,这个假定形的频繁使用也许与日本人与外国语言文化接触频繁有关。

4. f类单汉字动词的一段化

f类单汉字动词数量少,其中最常用的是「察する」,他的一段化出现较早,如例(5)①。由于「察しられる」的使用比较常见,甚至连战后始终坚持用旧文体(旧仮名遣い)写作的老作家的作品也不例外,如例(6)。

---

① 网上检索到的例句最早可以上溯到江户时代末期。如:御都合より、人気騒々しく、種々変乱でき仕り候義と察しられ候(文久2年9月17日守護職拝命直後、会津藩が幕府に出した三港外閉鎖の建白書)。

(5) 母を引き連れて流転するのは難儀のことと察しられるか
ら…（岡崎綺堂「お文の魂」）
(6) 羨ましく思ふ気持は、私ら同様かなり強いと察しられる。
（阿川弘之「食味風々録」）

表5　単汉字动词的一段化

	未然被動	未然否定	終止	連体	仮定	命令	小計
一段化	察しられ45	察しない3	察しる0	察しる人0	察しれば0	察しろ0	48
単汉字	察せられ35	察せず・ぬ1	察する29	察する人62	察すれば1	察せよ1	129

从表5可以看出，「察しる」仅在未然被动和未然否定上对「察する」有微弱优势外，其他均在サ变动词之下，在总的使用频度上远不及サ变动词①。虽然「察しる」经历了长期演变，至今只是在未然形上具有一定优势。据『国立国语研究所报告70』称，「察しる」是「察する」的新形态，然而，在东京大阪旧形态的「察する」反而有卷土重来的趋势，可见一个动词的分化演变充满了曲折。「察しる」尚且如此，至于f类的其他动词的一段化更是微不足道。

表6　一段化动词各个活用型

	察しる	達しる	屈しる	接しる	決しる	小計
未然否定	3	20	10	3	1	37
未然被動	45	3	0	2	0	50

---

① 网上可以查到「胸中は察しるぞ」「被害者のわたしの察しるところでは」「心情を察しれば」等例句。

续表

	察しる	達しる	屈しる	接しる	決しる	小計
終止	0	0	0	0	0	0
連体	0	0	0	0	0	0
仮定	0	0	0	0	0	0
命令	0	0	0	0	0	0
合計	48	23	10	5	1	87

f类单汉字动词局限上述几个动词,而且除了未然否定未然被动外,其他活用形几乎全军覆没。即便是未然否定,由于「察しない」既可理解为サ变动词的未然否定,也可理解为一段动词的未然否定,如果把「察しない」之类的动词划入サ变动词,f类单汉字的存在就更显得不足挂齿了。从f类单汉字动词的一段化现状来看,与其说是演变成了一类独立的动词,不如说是个别サ变动词的习惯用法更为确切。因为这类动词除个别的活用形有所不同外,其他活用形并没有相应地发生变化。

5. 单汉字动词分化的特点

从以上表中可以看出单汉字动词分化的几个共同的特点。首先未然否定和未然被动在各类单汉字动词中使用最为突出,其中未然被动又多于未然否定。这与这些动词大多数为他动词,而且缺乏在意义上与之相对应的自动词有关,因此,从功能上来说,未然被动仅仅是起到了自动词化的作用,具体用法有二,比如例句(5)(6)为自发,(7)为可能。因此可以认为日语自动词表达的需求是单汉字动词的一段化的间接动因,成为单汉字动词向其他类动词分化的带头人。这对仅靠未然被动来维系生存的f类单汉字动词一段话尤为

明显。

(7) それくらいのことが<u>察しられ</u>なくて、天下が取れるか。（源氏鶏太「天下を取る」）

其次，如果说未然被动推动了单汉字动词的分化，那么作为新一类动词最终获得认可的最重要的形态还是终止和连体形，词典上列出的也是这种基本的形态，如果终止和连体形的使用频度达不到一定程度，作为一类动词将得不到认可，这可以从现行词典的收词中得到证实。依据这个基准，g、h、i、j 类单汉字动词的一段化的终止连体用法已经超过了总数的三分之一，e 类单汉字动词的五段化的同用法也超过了四分之一，所以前者已经获得了几乎所有词典的认可，后者也已经获得了部分词典的认可，而 f 类单汉字动词的一段化至少在这个语料库上表现仅为零，所以要得到词典的认可，还遥遥无期。

最后，各类单汉字动词大多数是サ变动词和分化后的动词同时并存，于是，自然就产生了一个如何区别使用的问题。区别使用分两个方面，一个是意义基本相同而文体色彩不同。如サ变动词更多地用于严肃的书面语，而一段动词更多地用于口语，以下例句(8)是记叙文中引用的基督的名言，而(9)则是口语讲演的内容。

(8)「汝の敵を<u>愛せよ</u>」というが…（江珠喜「助教授の大学講座・二十章」）
(9) 郷土を<u>愛せ</u>とか、国を<u>愛せ</u>とか、人を<u>愛せ</u>なんかいってもらいたくない。（井上ひさし「コメの話」）

由于动词演变需要相当长的时期，两种动词势必长期相互共存，这样就有可能在意义上也产生分歧，如岩渊(1970)就有以下叙

述,虽是个人的感受却反映了一种倾向。

　　私自身の意識で言えば、皮膚に何かの刺激を覚えたときは、「感じる」の方を使う。「冷たさを感じる」「電気をピリッと感じる」などと言う。しかし、心に何かを受け取るときは、「感ずる」の方を使う。

6. 单汉字动词分化的原因

　　虽然单汉字动词演变的结果是一段动词和五段动词两种不同动词,但是造成演变的原因却大致相同,这就是在形态上向连用形的靠拢。

　　在语言演变中,某种形态具有绝对优势的量,那么他就可能对其他形态产生吸引力,使其他形态逐步被同化。而在各种动词活用形态中,唯有连用形才具备这种可能性,因为连用形在所有活用形态中最活跃,使用频度最高。据国立国语研究所的报告,连用形占所有活用形的比例约为55.7%[①]。

　　连用形的绝对优势,使得其他活用形逐渐被他同化,这也是合乎动词发展本身的规律的。从历史的观点来看,文言中 9 种动词之所以减少到现有的 5 种动词,也是由于不同形态的活用形向连用形靠拢的结果,比如以「落つ」这个上二段动词为例,他的活用形分别是「落ちず」「落ちたり」「落つ」「落つる人」「落つれば」「落ちよ」,动词词尾分布于ッ和チ两段上,由于连用形的巨大吸引力,使得形态不同的终止、连体、假定形与连用形逐步达成统一,最终完成了向一段动词的演变。

---

　　① 该报告中把连用形分为连用形 1 和连用形 2,55.7%是两者之和。本文以一段动词作为统计对象,因此不存在这个问题。

在现代日语中,这种现象也不罕见。比如サ变动词本身就是一例。サ变动词是不规则动词,连用形为シ,由于连用形对未然形的吸引力,使得サ变动词用作否定的时候有时也会出现以「しず」取代「せず」的现象,如(10)。

(10) 然し、私はまだ復讐を<u>しず</u>にいる。(夏目漱石「こころ」)

同样的现象还发生在カ变动词,不过カ变动词一般用汉字书写,语料库难以提供该汉字的语音信息,所以此处只能援引补助动词的「来る」为例,如(11)。

(11)「夜なかにならなけりゃ帰って<u>き</u>ないよ。」(宮本百合子「道標」)

上述动词的演变过程足以从一个侧面说明单汉字サ变动词的分化也是出于同一原理。

7. 结语

以上,通过分析各单汉字动词以及由此分化而成的一段化五段化动词的各种活用形的使用频度和分布情况,对三类单汉字动词的分化进行了比较,结果说明三类单汉字动词的分化进程各不相同,其中 g、h、i、j 类单汉字动词向一段动词的分化最快,e 类单汉字动词向五段动词的分化次之,而 f 类单汉字动词除个别活用形外几乎没有进展。在分化过程中,各种活用形向连用形的靠拢这一因素起了不可忽略的作用,历史上动词类别减少和现代日语中其他不规则动词的形态出现不规范活用的现象足以说明连用形促成对单汉字サ变动词的分化的作用。

由于语料库的规模较小,因此列举的数据数量有限,尤其是对于一些濒于消亡的动词,检索所得的实例较少,目前的语料库的规模还远远不能令人满意。不过借助一定规模的语料库,再辅之以网上资料,对了解单汉字动词的分化及其成因以及目前单汉字动词分化的现状,不失为一种有益的尝试。

参考文献

铃木丹士郎:1972,動詞の問題点,「品詞別　日本語文法講座3　動詞」明治書院。

国立国語研究所:1981,「大都市の言語生活　分析編」三省堂。

岩淵悦太郎:1970,「現代日本語」筑摩総合大学。

国立国語研究所報告:25,1964,「現代雑誌九十種の用語用字第三分冊分析」秀英出版。

邱根成:1999,一字汉语サ变动词再认识,《日语学习与研究》03。

关于由「名詞＋あふれる」构成的连体词

1. 序论

日语中只能修饰名词的词有以下几种。A,只用于修饰名词的个别动词,如 a「目くるめく思い」b「降りしきる雨」;B,只用于修饰名词的所谓第三形容词,如 c「ひとかどの男」d「上々のお天気」;C,连体词。本文只涉及连体词①。

连体词由于有一些只修饰名词而又难以分类的词被纳入连体词,因此连体词的定义及范围都颇具争议。最早提出连体词这一称呼的是鹤田常吉(1924)②,他认为连体词是具有修饰体言作用的词类,除了我们今天普遍认同的「あらゆる」「いわゆる」外,还将「いろんな」「こんな」这类形容动词连体形以及「困難の」「いささかの」这类「名詞＋の」「副詞＋の」的形式也纳入连体词,远远超过了当今连体词的范围。松下大三郎(1925)③又提出了"叙述性"这一概念,认为判断一个词是否属于连体词,叙述性的有无起决定性作用,如「遠

---

① 本段记述以及后文部分内容受教于匿名审稿老师,使得笔者的视野得以拓展,在此谨表衷心的感谢。此外,此处所举词都有程度之别,a 和 c 修饰名词比较彻底,b 有少量的「雨が降り頻っていた」,d 有「健康の上々を示すもの(阿川弘之「山本五十六」)」和「太郎の上々な日々」,后者为网上检索所得例句。
② 鶴田常吉：1924,尋常小学国語読本を資材とした日本口語法[M],南郊社：p. 124。原文为「吾人はここに体言を裝定し、而も常に体言に連接して用いられる一副用言として、連体詞なる一品詞を立てなければならないことを主張する」。
③ 松下大三郎：1925,標準日本文法[M],紀元社(第2版)：p. 189—p. 192。

き国」可以说成「国遠し」。所以「遠し」具有叙述性,不属于连体词,而「此の国」不可以说成「国が此の」,所以「此の」没有叙述性,属于连体词。「飛んだ」「馬鹿な」「たいした」等词因此而被松下排除在连体词之外。虽然用"叙述性"有无来判断一个词是否是连体词,在整个连体词研究史中具有很大争议,但是松下用"叙述性"这一概念将连体词从形容词中分离出来,对连体词作为一个独立词类得以确立,起了很大的推动作用。

连体词研究的另一特点是迄今为止的研究涉及的连体词主要都是「あらゆる」「いわゆる」「この」「あの」等零散的个别的例子,在形态上没有统一的规律可循,数量极其有限。本文的目的在于观察和分析(1)中「魅力あふれる」这类由同一动词「あふれる」转化而来的某一类连体词,并分析动词的形态与连体词形成间的关系。

(1) 予選から圧倒的なテクニシャンや、<u>魅力あふれる</u>奏者が少なかったように思われた。(毎日 951121)[1]

2. 连体词研究史

关于连体词的研究史,小松寿雄(1973)[2]将其分为"连体词前史,连体词确立期,连体词反省深化期"三个阶段。其中,连体词前史中,「この」「その」「あの」等一般都被作为"指示代名词"处理。大槻文彦(1916)[3]虽然也称这类词为指示代名词,却又认为这种处理方法过于简单,而将「この」「その」「こんな」「そんな」「大きな」「小さな」「あらゆる」「いわゆる」等这类词作为"具有连体词性的词汇"

---

[1] "每日 951121"表示此例句选自 1995 年 11 月 21 日的《每日新闻》,以下同。
[2] 小松寿雄:1972,『連体詞』の成立と展開,品詞別日本文法講座 5 連体詞・副詞[M],明治書院:p.52—p.69。
[3] 大槻文彦:1917,口語法別記[M],国定教科書共同販売所:p.11。

处理。宫脇郁(1905)①将这类词称为"添词",不过除了今天所公认的连体词外,他将动词的连体形及「名詞＋の」的形式也囊括在内。在连体词确立期中,如上所述,作出重大贡献的是鹤田常吉与松下大三郎。此后,时枝诚记(1950)②认为日语中的名词要修饰后续的名词必须接格助词,如「昔のこと」。他认为在「ある日のことです」中间不必借助格助词就可以修饰后续名词,因此连体词本身就具备着格的职能。进入连体词反省深化期,渡边实、铃木一彦等又围绕连体词的"叙述性""词辞共存"等问题做出了研究探讨。但至今为止,关于连体词的定义及具体范围都仍是一个颇具争议的问题。

　　松原幸子(2009)③在先行研究的基础上,将连体词的性质概括为「① 一つの単語と考えられる,② 語形変化をせず、テンス・ムード・認め方などのカテゴリーも持たない,③ 規定語としてのみの機能を持つ(原則として他の単語によって限定されない)」。

　　关于连体词的数量,一直以来普遍认为非常有限。甲斐睦朗(1980)④调查了8本词典的连体词,认为被普遍接受的只有「あの」「かの」「この」「その」「どの」「或る」「とある」「あくる」「来たる」「去る」「あらゆる」「いわゆる」「とんだ」「たいした」「当の」「大の」「わが」17个。松原(2009)认为甲斐的研究是依据词典进行的,即不是以自己收集的第一手资料为样本,而只是对前人研究的再确认,因而不能说明连体词本身数量少。松原用「大いなる」「奥まった」作为关键词,对语料库(《CD-ROM 版　新潮文库 100 册》)进行检索,结果获「大いなる」的例句48例,除了「おおいに」以外,未曾检索到

---

　　① 宮脇郁：1905,論理的日本文典[M],参文社：p. 38。
　　② 時枝誠記：1950,日本文法口語篇[M],岩波書店：p. 114—p. 116。
　　③ 松原幸子：2009,日本語の連体詞は少ないか[J],国文学解釈と鑑賞,至文堂 74—7：p. 113—p. 123。
　　④ 甲斐睦朗：1980,連体詞とその語彙[J],国語教育研究第 26 号：p. 452—p. 464。8 本词典分别为『学研国語大辞典』『日本国語大辞典』『新潮国語辞典(改訂版)』『広辞苑(二版)』『新明解国語辞典(二版)』『岩波国語辞典(二版)』『講談社国語辞典文庫版』『角川国語辞典(新版)』。

「おおいなり」等的形态,而「おおいに」现在已作为副词被词典收入。「奥まった」共检出17例,未曾检索到「奥まった」①以外的形式。由此可见,有部分「～なる」「～た」类型的单词,只是外表上尚保留着文言形容动词连体形或动词连体形的形态,功能上已经接近或完全等同于连体词。

国内对连体词的研究也是屈指可数。李东哲(1986)②认为虽然连体词是以修饰体言为特色的词类,但实际上也有些连体词是例外,如「目の大きな人」「気の小さな人」中,连体词「大きな」「小さな」与该句节中的主语「目の」「気の」构成主谓关系,即带有叙述性。其次,「実に大した人物」「誠に大それた考え」中的连体词与副词构成的修饰关系也应属例外。许慈惠(2008)③提出了由部分名词和动词「ある」构成的「魅力ある作品」这样的连体词,分析了「ある」的先行名词及格助词「が(の)」脱落的可能性,为这类由某一类动词和名词构成的连体词的研究开拓了新的思路。

笔者认为松原幸子归纳的连体词三要素及松下提出的叙述性是连体词的主要判定要素,颇具参考价值。李东哲提出的构成主谓关系和修饰关系的连体词也不妨纳入连体词的范畴。根据上述研究成果,「魅力あふれる」在现阶段似乎以纳入连体词范围为宜,它基本符合松原指出的①②③三个条件。虽然它由「魅力」和「あふれる」构成,但已经形成了一种固定的形式,可以视为一个词,而且由这种形式构成的连体词数量远远超过了原有的连体词。当然它由「魅力にあふれる」变化而来,从现象上来说是一种省略,但它从本质上来说是动词的语法化的结果。正因为如此,它可以与「魅力ある」互换,而大意不变。

---

① 但有「路地から奥まっていて外からよくみえない場所(群ようこ「またたび東方見聞録」」之例外。
② 李东哲:1986,谈日语的连体词[J],日语学习与研究第3期:p.92—p.95。
③ 许慈惠:2008,「名＋ある(＋名)」结构的特征及其他[J],日语学习与研究第3期:p.6—p.10。

为了深入观察「魅力あふれる」这一类连体词,笔者使用了语料库作为研究的依据,通过检索发现「魅力あふれる作品」这一固定组合,与「魅力ある作品」相比不仅同样可以认定为连体词,而且由于动词「あふれる」形态比较复杂,还可从中观察到动词的各种形态在构成连体词时的不同表现,这对今后的语法化研究提供了一个有益的案例。

3.「名詞＋あふれる」的使用现状

　　本文利用语料库(日本《每日新闻》1996 年至 1998 年,2005 年至 2007 年共六年,《朝日新闻》1998 年至 2000 年共三年,共计 3.8 亿字)对「あふれ(溢れ)」进行检索,共得到相关例句 3 807 句[①],其中「魅力あふれる」这类「名詞＋あふれる」结构的例句 1 807 句。由于篇幅有限,以下只列举使用频度最高的前 5 句。

　　(2) 経済危機の中でも<u>リズム感あふれる踊り</u>に人々は熱中する。(毎日 960529)
　　(3) 松下電器が、退職金の「前払い」制度を導入したのは、<u>個性あふれる社員</u>を採用しないと国際競争に生き残れない、という危機感からだった。(朝日 990919)
　　(4) 親子関係という深刻な題材を、<u>ユーモアあふれる展開</u>で、最後にホロリとさせるドラマだ。(毎日 961005)
　　(5) <u>魅力あふれる施設づくり</u>を今後も期待して村を後にした。(毎日 960502)
　　(6) 俗塵を浴びつつ一生活者に徹して歌い、<u>人間味溢れる味</u>

---

　　① 由于受到语料库规模和构成内容的限制,所以本文表中反映的数据只反映一种倾向,仅供参考。

<u>わい</u>を深めている。(毎日960806)

除了上述用例以外,常用的还有「パワーあふれる打撃」「闘志あふれるプレー」「情感あふれる演技」「詩情あふれる風景画」等。这类「名詞＋あふれる」组合使用频率较高,已逐渐形成固定的表现形式,成为一类新的连体词。本文从以下几个方面探讨其构成连体词的可能性及何种形态更容易构成连体词。

3.1 「あふれる」与名词的搭配

为了便于对「名詞＋あふれる」中先行名词的研究,本文将「スピード感」「清潔感」「臨場感」「躍動感」等统一标记为「～感」,「～さ」「～性」「～力」亦作同样处理。表1列举了使用频度最高的20例先行名词。

表1 「名詞＋あふれる」中的先行名词

先行名词	～感	個性	ユーモア	魅力	人間味	パワー	～さ	闘志	情感	詩情
あふれる	394	74	73	58	50	48	45	38	36	35
先行名词	気迫	活気	情緒	～性	～力	緑	スピード	ロマン	感覚	人情味
あふれる	34	34	34	33	32	32	28	27	26	25

从表1的检索结果可见「名詞＋あふれる」结构的使用频率之高,而且通过对「名詞＋あふれる」中名词性质的观察,可发现绝大多数名词都是表示事物性质状态的抽象名词,这些表示事物性质状态的特征为它们在意义上向连体词的转化提供了必要的前提条件。

在这样的连体词中由名词表示实质意义，「あふれる」只起语法上的构成连体词的作用。「個性あふれる社員」相当于「個性的な社員」，「魅力あふれる施設づくり」相当于「魅力的な施設づくり」，在修饰后续名词这点上没有本质的区别。

不过也有少数具体名词参与构成连体词，如「緑」「光」「自然」「涙」，但是这些名词已经不再单纯地表示具体的事物，如在「緑あふれる環境」「光あふれる暖かな情景」「自然あふれる帰り道」「涙あふれる顔」组合中，这些名词都表示充满着绿色、阳光和自然之义，借助「あふれる」的"充满"这个意义，它们同样具有表示事物性质的语义特征，因此它们同样可以与「あふれる」结合构成连体词。

迄今为止，有些词典也从一个侧面涉及「魅力あふれる」这样的用例，比如『広辞苑』的释义为「満ち満ちている」，并举「才気あふれる作品」为例子。小学馆的『大辞泉』的释义为「感情・気力・才気などがいっぱいに満ちている」，并举「意欲あふれる作品」和「夢と希望にあふれる青春」为例。三省堂的『大辞林』的释义为「たくさんある」，并举「デパートには品物があふれている」「魅力あふれる人物」为例。以上词典的释义说明「魅力あふれる」已经引起了词典编纂者的注意，只是没有把它作为一类新的连体词来对待。

之所以称上述这些词为一类新的连体词，是因为它们实现了语义和语法的分离。这在原有的连体词中是不存在的，在「魅力あふれる作品」中，名词部分承担了语义的职能，动词部分承担了部分的语义职能和全部的语法职能。部分的语义职能是指「あふれる」还没有完全丧失原有的语义，比如在「緑あふれる環境」中动词还是部分保留了原意，才使得单纯的名词得以成为连体词。而且，这种各司其职的分工，使得这类连体词具有很大的扩展性。也正是这种扩展性构成了大量的新的连体词，它不但可以接汉字词汇，还可以接外来语，如「アイディアあふれる店」「センスあふれる姿」，甚至可以接日本固有的词汇，如「だいご味あふれる逆転劇」「賑わい

あふれる商店街」等,正因如此才越发显出这类连体词研究的重要性。

这点上它比「奥まった」这样的连体词具有明显的优越性,笔者用同一语料库检索「奥まった」,共得到例句48句,与「名詞+あふれる」的1 807句相比在数量上微不足道。这是因为「奥まった」身兼语义和语法功能两职,这种结构上的限制使得它不具备扩展性,因此实际使用不多。

在具有扩展性这点上,「名詞+あふれる」与「名詞+ある」非常地相似。而且,实际上有许多先行名词可以同时与「あふれる」和「ある」结合,如「魅力あふれる作品」「魅力ある作品」「個性あふれる人物」「個性ある人物」。当然由于「あふれる」「ある」还没有完全丧失原有的词义,因此,它们之间在意义上还是有微妙的区别的,比如只有「責任ある変革」而没有「責任あふれる変革」,同样地只有「闘志あふれるプレー」而没有「闘志あるプレー」。可以说由这两个动词构成的连体词互为补充,为日语的连体词增加了大量的新词汇,改变了连体词的词汇贫乏的现状。

从结构上而言,两者都省略了格助词,以简洁明快的形式修饰体言,它们是以不同动词组合而成的两组连体词,而不同动词除了上述语义上的不同外,在构成连体词的表现上也是不同的,以下分析「あふれる」是如何构成连体词的。

3.2 「あふれる」与格助词的搭配

虽然「名詞+あふれる」与「名詞+ある」颇为相似,也都可以构成连体词,但是前者要复杂得多。因为名词与「ある」组合时,两者之间只能形成主谓关系,即动词的连体词化是格助词「が」的脱落所致。相比之下,名词与「あふれる」组合却要复杂得多。在实际使用中,名词与「あふれる」组合时,首先是共现的格助词不同,有「光があふれる」「光にあふれる」两种情况。为了深入观察两者的不同,

笔者用语料库①对「があふれる」和「にあふれる」进行检索，共检出例句 637 条。因为此处主要观察不同格助词与「あふれる」的共现对构成连体词的影响，所以对于动词的时态忽略不计，以下表 2 分别列出「が＋あふれる」「に＋あふれる」结构中使用频率最高的前 10 位名词。

表 2 「名詞が/に＋あふれる」中的先行名词

〜があふれる	涙	人	水	〜さ	光	もの	〜感	本	血	客
总计	96	18	14	13	13	12	6	5	4	4
〜にあふれる	〜さ	自信	〜感	〜心	喜び	活気	光	胸	希望	確信
总计	15	11	7	6	6	6	5	4	4	4

观察表 2 可发现，与「があふれる」（包括「のあふれる」）搭配的名词基本上都是具体名词，如「涙」「人」「水」「もの」「本」「血」「客」，而且上述结构中格助词「が」与动词互为主谓关系，格助词难以省略，在句中一般只作谓语，如例(7)。而与「にあふれる」搭配的名词基本上可分为两类，一类是「自信」「〜心」「喜び」「活気」「希望」「確信」这样的抽象名词，此类搭配可直接修饰后面体言，如例(8)，另一类是表示场所位置的名词。后者实际上是对(7)中动词进行时所需场所的补充说明，当然它们一般也只作谓语，如例(9)，这类用法不在本次考察范围之内。

(7) そのとき初めて、急に心細くなって<u>涙が溢れた</u>。（吉田修一『パレード』）

(8) のんびりと育った者も、帰ってきた時には<u>自信にあふれた</u>表情になっている。（星新一『人民は弱し、官吏は強

---

① 取自 1945 年以后规模为 4 200 万字，以小说剧本和论说文为主的语料库。

し』)
(9) 冷たい世間を厭う気持が胸に溢れた。(藤沢周平『一茶』)

如表1所示,「名詞＋あふれる」中的先行名词基本上都为抽象名词,而与抽象名词搭配使用的多为「にあふれる」,因此可以认为「あふれる」是由「にあふれる」中格助词脱落转化而来更为合理,换言之:
(Ⅰ) 与格助词「に」结合的「あふれる」比与格助词「が」结合的「あふれる」更容易成为连体词。

例(2)至(6)分别可以复原成「にあふれる」这一点可以证实(Ⅰ)所表明的规律基本正确。

3.3 「あふれる」与形态

「あふれる」除了与格助词的搭配比「ある」复杂外,其形态的变化种类也比「ある」复杂得多。动词「ある」只有「ある」「あった」两种形态,而动词「あふれる」却至少有「あふれる」「あふれた」「あふれている」三种形态,再加上可以与两个格助词共现,相互组合时,至少有6种组合方式,如表3。在例(7)(8)(9)中「あふれる」中它们都作为动词使用,既有作谓语,亦有作定语。但是做定语和作谓语时受到制约是不同的,作谓语受到的时态制约较少。然而把观察的范围局限于定语时,上述7种形态对连体词的形成带来的影响就不可忽略,以下表3显示了定语和谓语与6种形态的相互关系。

表3 「あふれる」作定语和谓语的7种形态

	に溢れた	が溢れる	に溢れる	が溢れている	に溢れている	が溢れた
定语	457	245	228	22	23	54
谓语	52	131	62	257	253	216
合计	509	376	290	279	276	270

表3中定语指名词与「あふれる」的组合修饰后面名词或形式名词的用法,谓语指与「あふれる」的组合作谓语结句的用法。由表3可看出,定语用法中「にあふれた」在使用频度上占了明显优势,而谓语用法中「があふれている」、「にあふれている」在使用频度上占了明显优势。换言之,「にあふれた」更适合作定语,而「あふれている」则更适合作谓语,而连体词又是专门用作定语的,由此可以得出以下规律,即:

(Ⅱ) 作定语时词形短小的「あふれた」比作谓语的词形较长的「あふれている」更容易转化为连体词。

而词形短小化的终极形式就是略去格助词转化为连体词的「あふれる」。这一点与金田一(1976)①指出的动词四分法和对第4类动词(即状态动词)的见解是一致的,金田一认为动词「すぐれる」作谓语时用「すぐれている」的形式,而作定语时用「すぐれた」的形式。此处的「あふれる」正是这样的状态动词,只不过是在转变为连体词后,动词「あふれる」放弃了最后的时态的语法范畴,只用作「あふれる」。

3.4 「あふれる」与修饰关系

松原幸子将连体词的基本标准归纳为"可看作一个词,没有词形变化,只能作限定语",但是,实际使用的情况比想象的更复杂。为此笔者对表3的定语部分数据作了二次整理,首先把例(10)这类最接近松原标准的,不受其他语句修饰的例句标记为"标准",例(11)(12)这类接受其他连体修饰的例句标记为"连体",例(13)(14)这类先行名词接受其他连用修饰的例句标记为"连用",这里所说的连用是指广义的对动词起修饰作用的成分,将所有数据分析整理后得表4。

---

① 金田一春彦:1976,日本語動詞のアスペクト[M],麦書房:p.7—p.61。

(10) 日本チームの中でも、特に中盤は<u>才能あふれる</u>選手が多い。(朝日 991010)
(11) その亡き父への<u>想い</u>があふれた心に沁みる回想記。(毎日 970406)
(12) 大野林火は、<u>抒情的詩精神に</u>あふれた昭和を代表する俳人だ。(毎日 950410)
(13) <u>自由で</u>活力あふれる経済社会を創造していく。(毎日 960101)
(14) 本書は<u>街に</u>外国製品があふれる昨今の市民の消費生活から話をはじめている。(毎日 971109)

表4 「あふれる」与修饰关系

	に溢れた	が溢れる	に溢れる	が溢れた	に溢れている	が溢れている
标准	240	39	77	11	0	0
连体	82	41	16	8	0	2
连用	135	165	135	35	23	20

在表 4 中「名詞＋あふれる」中标准例句共 240 条，其他的形式与这两者有着明显的落差，有的甚至可以忽略不计。从纵向看，最有可能转换为连体词的「にあふれた」这一栏中连体连用用例相加也不及同栏的标准用例。这个结果说明：

(Ⅲ) 先行名词不接受任何修饰的「あふれる」更有可能成为连体词。

从表 4 的「名詞溢れる」一栏看，连体词中，连用远远多于连体（其他横向的栏目也是如此），这说明动词「あふれる」更容易接受连用成分的修饰，与此相比先行名词接受连体修饰的机会相对较少。这个结论从一个侧面说明松原(2009)和李(1986)对接受修饰的连

体词持保留态度是不无道理的。

最后，如果进一步缩小考察范围，可发现作为标准用法的「にあふれた」比「があふれた」要多得多，而「にあふれている」「があふれている」没有一句符合标准连体词的用例，这意味着结论（Ⅲ）从另一个侧面证实了上述结论（Ⅰ）（Ⅱ）是经得起验证的。

4. 结语

通过上述观察分析，至此可以认为将「魅力あふれる」认定为连体词已经不会有太多的异议，就动词「あふれる」而言，可以归纳为（Ⅰ）与「に」共现，（Ⅱ）词形短小，（Ⅲ）先行名词不受修饰的「あふれる」最容易转化为连体词，实际上，大部分这样的连体词都是由这样的「にあふれる」转换而来，以下各举 3 例为证。

(15) 自信にあふれた口調でビジョンを語った。（毎日 970722）

(15′) しかし自信あふれる口調は確実に復活してきた。（毎日 980920）

(16) 訪れた人は優しさにあふれた作品をいとおしむように見入っていた。（毎日 970820）

(16′) 薄い色を重ね、温かく優しさあふれる作品に仕上げた。（毎日 961206）

(17) 創造性にあふれたフレッシュな作品の応募をお待ちします。（毎日 960318）

(17′) 創造性あふれる作品をお待ちしています。（毎日 970331）

本文的研究结果表明，由于「あふれる」「ある」等动词的参与，

出现了一类与动词结合产生的复合的连体词,从而改变了连体词数量少,结构上无规律可循的现状,也为今后探讨由动词和名词构成的新的连体词提供了一种可能。除「魅力あふれる」以外究竟还有其他何种动词同样可以参与动词的连体词化,这些新的连体词与原有的连体词之间存在何种异同,还有待于今后的深入研究。

　　松原(2009)和李(1986)对接受修饰的连体词持保留态度值得参考,本文结论Ⅲ也证实了这一点。鉴于「いっそう大きな成果」这样接受副词修饰的连体词的存在的事实,本文中则对此采取了比较宽容的态度,仍然认定为连体词。这是基于以下考虑,即连体词在接受修饰这点上不是均质的,而是有程度之分,如果说「大きな」最容易接受修饰,那么「あらゆる」则最不容易接受修饰,因此目前有必要对连体词的认定持比较宽容的态度。至于对连体词接受修饰应该局限在何种范围之内,目前尚缺乏全面地观察,有待进一步的调查。

　　上述动词在成为连体词的过程中不同程度上放弃了原有的语义,仅保留部分语义,以守住各自的语义特征的最后阵地,因而得以实现「責任ある変革」和「闘志あふれるプレー」之间的细微区别,丰富了日语的表达手段,在这两个连体词中动词是不可互换的。除了语义外,这些动词同时放弃了作为动词所具有的语法功能上的否定,时态等大部分的语法范畴,成为连体词的构成要素,这个过程正是语法化的过程,而且这个语法化的过程,如以上分析是有选择的,符合ⅠⅡⅢ条件的,才可优先实现语法化,这个过程对语法化的研究提供了有力的旁证。

参考文献

鶴田常吉:1924,尋常小学国語読本を資材とした　日本口語

法[M],南郊社。

　　松下大三郎：1925,標準日本文法[M],紀元社(第 2 版)。
　　大槻文彦：1917,口語法別記[M],国定教科書共同販売所。
　　宮脇郁：1905,論理的日本文典[M],参文社。
　　時枝誠記：1950,日本文法口語篇[M],岩波書店。
　　金田一春彦：1976,日本語動詞のアスペクト[M],麦書房。
　　小松寿雄：1972,『連体詞』の成立と展開,品詞別日本文法講座 5　連体詞・副詞[M],明治書院。
　　松原幸子：2009,日本語の連体詞は少ないか[J],国文学解釈と鑑賞,至文堂 74—7。
　　甲斐睦朗：1980,連体詞とその語彙[J],国語教育研究第 26 号。
　　李东哲：1986,谈日语的连体词[J],日语学习与研究第 3 期。
　　许慈惠：2008,「名＋ある（＋名）」结构的特征及其他[J],日语学习与研究第 3 期。

浅析「への」结构的意义特征

1. 序言

关于连用格「へ」与连体格「の」有大量的先行研究,而对于「への」这类「格助詞＋の」结构的先行研究则屈指可数。山田孝雄(1936)等学者都认为这类结构是为了表达简练,而省略了格助词的后续用言,如「東京への道」是「東京へ行くべき道」的省略。张佩霞(2006)则从格助词显隐的角度,认为「への」可以是「へ」的保留,也可以是由「に」「を」转化而来。以上观点不论是省略还是转化,都没有注意到以下事实,即不是所有的「へ」都可以转化为「への」,如(1),其次,由于「の」的介入,「へ」实现了由具体向抽象,由方向向对象的转换。本文的目的在于观察和分析「への」结构在意义上的特征,同时指出了「の」在与格助词结合时会限制和改变原有格助词的意义。

(1) 僕らは押しころした声で笑い、医学部の建物へ向って歩き始めた。(大江健三郎『飼育』)

2. 先行研究及其主要问题

森田良行(1989)认为「へ」的前项名词是表示目标性或方向性的名词,后续动词是含有移动性或方向性的词,像「東京への便り」

这样「への」的使用隐含有移动性或方向性的义。渡边友左(1983)从「へ」与后续动词搭配的角度,对后续动词作了详细分类。木村睦子等(1997)从深层格的角度,将「へ」分为"场所—终点(場所—終点)""受主(受け手)""场所(場所)""时间(時)""最终状态(終状態)"五种用法。

而对于构成连体关系的「の」的特殊性及其词性的讨论由来已久,归纳此处的「の」主要有两大特征,一是「の」可以与其他格助词重叠使用[①],如「友達からの電話」「敗戦までの日本人」「未来への期待」「旅先での心細さ」「友達との約束」等,并且与一般的格助词不同,「の」的后续成分是名词而不是动词。二是「の」构成的前后逻辑关系不固定[②]。如「彼の絵」可以有「彼に属する絵」、「彼が描いた絵」、「彼を描いた絵」三种理解,不过在与其他格助词结合时不会发生此种歧义。

虽然对于单纯的格助词「へ」和特殊用法的「の」有大量的先行研究,但是对于「への」这类「格助詞＋の」结构的系统性研究却比较少见。如上所述,山田孝雄在日本语法学史上首先把「の、が、に、へ、と、より、から、で」这些词规定为格助词,而且认为名词或副词在构句过程中只能作为某一句子成分出现,所以像「への」「との」「での」等格助词的叠加是「へ」「と」「で」等格助词后续用言连体形的省略。山田敏弘(2002)讨论了「に」「へ」的连体形,即「に」「へ」与「への」的对应关系,并得出「動作の方向、到着点、動作の対象、受け手、変化の結果」等意义的连用格「に」,更容易具有「への」这样的连体用法的结论。

国内对「格助詞＋の」的研究也不多见。胡穪(2006)运用生成

[①] 关于の与其他格助词的重叠使用的用法,桥本进吉(1934)、山田孝雄(1936)、渡边实(1971)、铃木重幸(1972)等都有提到,但对这一语法现象的解释稍有不同。

[②] 对于前后逻辑的不固定性,金田一春彦在《日本語新版(下)》(1988: p.87)中详细介绍。

语法的理论,认为「東南アジアへの輸入品」是由深层结构的「東南アジアへ輸出する商品」变形而来,并指出「の」还明显带有动词的痕迹,是补助动词「する」连体形的特殊用法,兼具有动词和助词的特点。张佩霞(2006)就「NP1＋格助詞＋の＋NP2」中格助词显隐情况进行了分析,并认为格助词重叠时① 其中的某个格助词必须无形化,如「田中さんの発表」「部屋の掃除」分别是「が」「を」的无形化,② 由其他的格助词转化而来,如「教師への同情」「母への愛」分别是「に」「を」转化而来的,③ 部分重叠格助词必须保留「の」,如「との」「からの」「までの」「への」等都属此类,④ 某些格助词可省略,如「東京のねぐら」「直子の電話」分别是「で」「から」的省略。此外,黄成湘(2008)在张佩霞和木村睦子等的基础上,详细讨论了「への」结构与连用格「へ」「に」「を」的对应关系。

虽然先行研究对「への」研究的深入起了很大的推进作用,但是也存在一定的不足。山田敏弘从格助词的连体形出发,虽然讨论了具有「への」连体形的连用格助词的意义特征,但对「への」结构本身的意义特征却未加详细的论述。胡稹用生成语法理论解释了「東南アジアへ輸出する商品→東南アジアへの輸入品」的变化过程,但这只是对山田孝雄的省略说的延伸。而张佩霞、黄成湘提出的不论是由其他格助词转化的「への」还是省略用言后的「への」,都只是重视了形态,而忽略了意义。如黄认为「私は自分の部屋へ戻った」可转变为「自分の部屋への戻り」,这显然从形态可以做出这样的改变,但是,如后文所叙,这种改变受制于前后名词的意义,实际上很难找到这样的例句。由此可见,以上研究只注重形式上的对应,而忽略「への」结构对前后名词意义上的要求。

本文主要通过对语料库检索得到的大量语料的整理,分析「へ」和「への」前后词的性质倾向,及它们之间的搭配关系,进而阐明「への」与前后名词意义上的相互制约。本文对「へ」的分析,主要参照了木村睦子的深层格理论及渡边友左对动词的分类标准。

3.「へ」前接名词与后续动词的意义特征及搭配

首先,本文利用语料库对「へ」的前接名词进行了检索,得到29 545条例句。为了便于分析名词的意义特征,本文将「診察室、準備室」等统一标记为「～室」,「～階」「～さん」「～様」亦作同样处理。整理后得「へ」的前接名词共有2 937种。然后参照木村的深层格理论将所有前接名词按照"场所""受主""时间"①进行分析,在分析过程中发现像例(2)中「旅行」这类无法纳入以上三类,且多为表示行为或评价的目标对象,在此将这类统称为"目标对象",然后按照"场所""受主""时间""目标对象"分别整理后得表1,右侧栏目中括弧中的数字表示实际使用频度,左侧栏目中括弧中的数字表示所举用例的总数。

(2) あなたは旅行へ出るふりをして、彼等に絶好の機会を与えてやる、そして途中からこっそり家へ引返すのです。
（海渡英祐『事件は場所を選ばない』）

表1 「へ」的前接名词②

场所(30)	方(1 591)、ところ(1 141)、どこ(1 110)、家(993)、中(871)、ここ(782)、外(745)、部屋(512)、東京(494)、そこ(474)、こちら(418)、奥(389)、前(380)、～室(378)、学校(327)、病院(269)、そば(265)、山(264)、～階(244)、日本(241)、店(218)、下(200)、町(178)、上(177)、会社(172)、駅(170)、大学(169)、場(168)、台所(167)、そちら(161)

---

① 由于木村划分的深层格中"场所—终点"与"场所"的界限比较模糊,如他认为「手のひらへのせる」属于"场所",而「いわしを船へあげる」则表示"场所—终点"。另外,表示"最终状态"的木村也只列出了「それからそれへと廻り移って」一例,数量极少,本文对于这一用法也不再重点讨论。考虑到上述原因,本文在分析「へ」「への」前接名词时,按照"场所"、"受主"、"时间"进行分类。

② 表中数字表示实际使用频率,以下同。由于受语料库规模限制,以下数据仅供参考。

续表

受主(9)	警察(87)、医者(37)、～さん(22)、～様(12)、人(9)、彼女(5)、親戚(5)、私(5)、伸子(5)
时间(3)	過去(11)、未来①(8)、時代(4)
目标对象(9)	旅行(21)、旅(18)、戦争(11)、花道(9)、死(9)、生活(8)、思想(5)、電話(5)、平和(4)

以上检索所得例句中，使用频率最高的前 50 例名词均为"场所"，由于篇幅有限在此只列出前 30 例，由此可见「へ」的前接名词主要以"具体·移动"为意义特征。而"受主""时间""目标对象"的使用频率则非常少。也有横跨几种分类的现象，如"受主"里的「警察」「医者」都具有作为政权机构（及所在地点）和具体成员的双重义，而前者的用法占了大多数，如例(3)(4)。另外「～先」既有表示"场所"的「玄関先」这样的用法，又有表示"受主"的「取引先」。「～側」既有表示"场所"的「東側」「右側」「海側」这样的用法，也有表示"受主"的「叛乱側」「会社側」「テレビ局側」这样的用法。

(3) 金川義助との交友が、疑われる原因になることはありうることだったが、なんの釈明もさせずに<u>警察へ</u>引張っていくのは無法に思われた。（新田次郎『孤高の人』）
(4) たとえその女性との関係が<u>警察へ</u>知れても、まず疑われる心配はない。（赤川次郎『踊る男』）

在分析了「へ」的前接名词后，对「へ」的后续动词也进行了检

---

① 对于「未来」的分类虽然存在一定的争议，本文参照国立国语研究所的『分類語彙表』将其纳入时间的范畴。

索,并将结果整理后得 1 031 种。动词分类参照了渡边,对「へ」后续动词的使用频率及倾向进行分析,得表 2。其中,各个分类及所举动词均完全参照渡边。以下表中数字为笔者用语料库检索得到的使用频率。

表 2 「へ」的后续动词[①]

結びつき方		動 詞 実 例
対象的	行く先	行く(5 730)、帰る(1 591)、歩く(384)、移る(226)、飛ぶ(174)、通う(96)、急ぐ(64)、集まる(33)
	くっつき	立つ(156)、置く(121)、とまる(98)、倒れる(23)、当てる(16)、寄りかかる(1)、浮かべる(1)
	方向	向ける(195)、向く(63)、傾く(30)、向き直る(14)、そらす(8)、傾ける(7)、切り替える(5)、曲げる(1)、切り替わる(1)
	譲り相手	売る(29)、納める(14)、払う(5)、もらう(5)、貸す(3)、献上する(0)、差し上げる(0)
	話し相手	言う(22)、告げる(4)、断る(1)、電話をかける(4)、声をかける(0)、手紙を書く(0)、言葉をかける(0)、言葉を出す(0)、注文する(0)
	かかわり	入る(1 995)、対する(0)、参加する(0)、奉公する(0)、運動する(0)、厄介になる(0)、熱中する(0)、抵抗する(0)
ありか	存在	泊まる(98)、住む(16)、駐在する(0)、宿泊する(0)、滞在する(0)
	所有物	持つ(290)(例:小石川へ家を持つ,笔者注)
	出現消失物	現れる(66)、隠れる(9)、築く(0)、なくす(0)、現す(0)

[①] 由于语料库的不同可能导致检索结果的不同,因此以下数据仅供参考。如「献上する」用 kotonoho 检索,得例句 6 条。

续表

規定的	目的規定的	旅へ出る(3)、会議へ出る(0)
	結果規定的	多種多様な勉強へ展開してゆく(0)、社会主義へ発展する(0)

由表2可发现,它的「結びつき方」的动词分类远比表1详尽,正因为如此,很多类别中的动词使用频率极低,如"关系(かかわり)""存在场所(ありか)"及"规定性搭配(規定的な結びつき)"中虽然「持つ、入る、泊まる、現れる」等个别单词有比较高的使用频率,而同一栏目中其他的一些动词或检索不到或用例极少。因此本文为了便于分析,将"转让方(譲り相手)""对话方(話し相手)"统一归为"对方(譲り・話し相手)"。由此,使用频率及规模最高的类别依次是以下四类,即"朝向(行く先)""附着(くっつき)""方向(方向)""对方(譲り・話し相手)"。

"朝向(行く先)"中动词一般都具有移动性,与此类动词搭配的一般都是"场所"名词,如例(5)。"附着(くっつき)"中动词则一般具有状态性,与此类动词搭配的一般也都是"场所"名词,如例(6)。"方向(方向)"中动词一般具有方向性,与此类动词搭配的既有"场所"名词如例(7),还有"目标对象"如例(8)。"对方(譲り・話し相手)"中动词一般具有对象性,与此类动词搭配都是"受主"名词,如例(9)。

(5) 二人はほとんど固定した距離を置いて加藤の<u>生家へ歩いていった</u>。(新田次郎『孤高の人』)
(6) 秋山小兵衛は、紙に「ちょいと出かけてくる」と書き、居間の<u>机の上へ置いた</u>。(池波正太郎『剣客商売』)
(7) 電車が<u>金閣寺へ向けて</u>走りだしたとき、ようやく息がつけた。(三島由紀夫『金閣寺』)

(8) ブッシュ米大統領が中東和平へ向けて提案をした。(船戸与一『神話の果て』)

(9) せわしなく立ったりすわったり、警察へ電話をかけて、父の旧部下を呼び出したり…(平林たい子『砂漠の花(第一部)』)

通过对「へ」相关的名词和动词的观察,可以将表1表2的「へ」的前接名词和后续动词的搭配归纳为图1,其中左侧为按深层格标准的名词分类,因为对"时间"的分类存在争议,且用例很少此处忽略不计,保留"场所""目标对象""受主"。右侧为按渡边标准的动词分类中的前四者,即"朝向""附着""方向""对方",它们各自形成相应的对应关系,图中的数字表示与该意义相对的例句。

"场所—朝向"表示向某一场所的移动,而发生移动的主体一般是(5)中「二人」这样的人或具体事物。这也是「へ」使用最频繁且最基本的用法。"场所—附着"表示对某一场所的附着,此类用法不具有典型的移动性,如(6)。"场所／目标对象—方向"表示主体朝向某方向或某目标而进行某一动作行为,当前接场所名词时,具有移动性且发生移动的一般是例(7)中「電車」这样的具体事物,当「へ」接例(8)中「中東和平」这样的目标对象时,「へ」不再具有移动性。最后的"受主—对方"表示动作的对象,这时的「へ」与其说是具有移动性,不如说是对象性更为合适,如(9)。

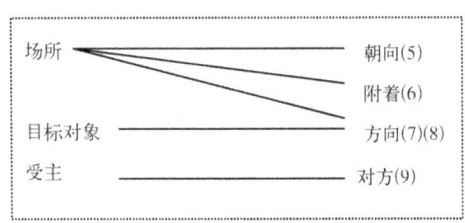

图1 「へ」的前后名词动词搭配图

图 1 大致反映了助词「へ」的前接名词和后续动词之间的关系,这种关系体现了「へ」的基本用法,然而,当它与「の」结合时,这种关系将受到很大的制约和改变,以下进入「への」的分析。

4.「への」前接名词的意义特征及与「へ」的比较

笔者利用语料库对「への」的前接名词进行检索,得 3 646 条例句,其中「への」的前接名词有 1 527 种。首先参照表 1 按照深层格理论将前接名词分为"场所""受主""时间""目标对象"四类。整理出使用频率最高的前 100 例,得表 3,括弧中数字的义同表 1。

表 3 「への」的前接名词

场所(24)	～国(49)、日本(34)、～階(29)、会社(20)、世界(16)、家(16)、学校(15)、都市(13)、駅(13)、部門(12)、銀行(9)、外(9)、店(9)、大学(9)、～室(9)、企業(9)、海外(8)、祖国(8)、方向(8)、町(7)、～場(7)、～屋(7)、市場(7)、アメリカ(7)
受主(40)	私(43)、～者(42)、人(37)、～たち(35)、～さん(33)、自分(29)、あなた(25)、社会(22)、夫(19)、人間(17)、男(16)、妻(15)、女(14)、彼(14)、父(14)、母(14)、君(13)、神(13)、警察(13)、子供(12)、夫人(12)、子(11)、客(11)、相手(10)、彼女(9)、他者(9)、他人(8)、人々(8)、母親(8)、彼ら(8)、ちゃん(7)、大統領(7)、両親(7)、長官(7)、自己(6)、女性(6)、世間(6)、教授(6)、わたし(6)、家族(6)
时间(5)	未来(24)、時代(14)、将来(9)、永遠(8)、明日(7)
目标对象(31)	こと(75)、もの(52)、死(26)、生(24)、生活(20)、政治(19)、～化(19)、仕事(15)、人生(15)、～さ(15)、それ(14)、問題(13)、主義(12)、星(11)、革命(9)、文化(9)、自然(8)、文学(8)、戦争(8)、平和(7)、政権(7)、経済(7)、～性［精神性］(9)、～方面(9)、分野(7)、美(7)、事業(7)、物(7)、成功(6)、解決(6)、産業(6)

由上表可知,表 3 的使用频率最高的依次为"受主→目标对

象→场所→时间",而表1的使用频率最高的依次为"场所→受主/目标对象→时间"。这种顺序的改变当然是由于「の」的介入而造成的。

而且如果仔细观察可以发现,表1和表3中虽然有不少相同的词,但是意义却不尽相同。如例(10)中「日本」,a 表示具体的场所,b 表示乡愁的对象。(11)a 中的「私」表示方向或场所,b 中的「私」则表示担心的对象。(12)中「未来」以及(13)中「死」虽然在表1中纳入不同的分类,而在 ab 两句中的意义差别不大,都可以解释为表示抽象性的目标对象的意义。

(10) a 難破した船がしずみきらないうちに、須美子はパリでの生活をとりまとめて、日本へ帰る仕度に忙殺されている。(宮本百合子『道標』)

　　b 初期に感じていた疎外感というものは全く感じなかったし、日本への郷愁は感ずる暇もなかったと言ってよい。(藤原正彦『若き数学者のアメリカ』)

(11) a 彼女の目は活々と私へ向って見ひらかれていた。(三島由紀夫『仮面の告白』)

　　b 「私への心配じゃなくて、お父さまへの心づかいですわ」(松本清張『波の塔』)

(12) a 伊原木は思案すると、未来へ向ってしっかりした足取りで歩き出した。

　　b 未来への夢を孕んだ仮睡ではなく、生命が紅ばんだままの死、をおもわせる画面である。(吉行淳之介『砂の上の植物群』)

(13) a その飛行機は、人間のあらゆる凝縮された意志の先端にあって、迷うことない死へ向って突っ込んで行くのであった。(曽野綾子『華やかな手』)

b 死への恐怖よりもさらに深い、底の知れない孤独感に襲われて、気が狂いそうになった。(本岡類『絶対零度』)

由此可知,虽然「へ」「への」的前接名词都可分为"场所""受主""时间""目标对象"四类,但表1中的"场所""受主"都含有场所义,而"时间""目标对象"数量又极少,而表3中的四类名词都含有对象义。换言之,「へ」的前接名词以场所意义为中心,「への」的前接名词以对象意义为中心,这种由"场所"向"对象"的转变当然与「の」的介入有着密切关系,这种转化也是为了满足后续名词的需要。

5. 「への」后续名词的意义特征及与前接名词的搭配

笔者为此检索并得到「への」后续名词共1 415种,表4列举了使用频率最高的前40例。

表4 「への」的后续名词

道(117)	愛(62)	関心(52)	思い(48)	階段(47)	手紙(34)	連絡(31)	愛情(28)
期待(26)	恐怖(24)	不安(23)	怒り(23)	対応(20)	旅(20)	憎しみ(19)	不満(18)
執着(18)	信頼(17)	移行(17)	思いやり(17)	信仰(16)	憎悪(16)	電話(15)	転換(14)
愛着(13)	郷愁(12)	理解(12)	情熱(12)	忠誠(12)	扉(12)	サービス(12)	土産(12)
抵抗(11)	夢(11)	挑戦(11)	欲望(11)	依存(11)	不信(11)	興味(11)	絶望(11)

由上表可知,「への」的后续名词主要以「愛、関心、思い、愛情、期待」等表示感情评价的抽象名词为主,而具体的事物名词只有「道、階段、手紙、土産」等少数几个,其中,使用频率最高的"道"既可作具体名词,如例(14),有时又可认为是抽象名词,如例

(15)。另一方面,这些后续名词都具有"对象"义的词为主,如例(16)。而含有"方向"义的名词只有「道、階段、旅、移行」少数几个词,如例(17)。由此可认为,「への」的后续名词绝大部分以"抽象·对象"为意义特征,这与表3所显示的前接名词的抽象化,具有相同的倾向。

由此看来,山田孝雄的省略说,只适用于(14),如果(14)要恢复原有的动词,不同的人填入同一动词的一致率会很高,而在(15)中如果要填入动词,首先是很困难,其次是不同人填入的动词的一致率将会很低,这说明省略说只适用于个别的前接名词为具体事物的名词,而与大多数表示"抽象·对象"意的名词无关。

(14) 校門を出て、駅への道を歩き始めると、うしろから何人かが走って来て、純子の肘や肩をつかんだ。(宮本輝『葡萄と郷愁』)

(15) しかし、この手紙が、ひょっとして、和解への道を開いてくれるかもしれない。(井上ひさし『頭痛肩こり樋口一葉』)

(16) 有島一郎のコセコセした演技が、三雲八春のひょうひょうたる人生への愛を表現することは、とても出来そうになかった。(梅原猛『日常の思想』)

(17) 花房が、二階への階段をあがろうとしたとき…(門田泰明『白の乱舞』)

下面分别以表示"具体＋方向"的「階段」,"具体＋对象"的「手紙」,"抽象＋方向"的「旅」,"抽象＋对象"的「愛」这四个词为研究对象,分析「への」的前接名词和后续名词之间的搭配关系。按照"场所""受主""时间""目标对象"的分类标准来对与「階段、手紙、旅、愛」搭配的前接名词进行整理,可以得出表5。

表5 「への」前接名词和后续动词的搭配

后续动词 前接名词	階段 (具体＋方向)	手紙 (具体＋対象)	旅 (抽象＋方向)	愛 (抽象＋対象)
場所	～階、地上、地下鉄、地下、事務所、室、本部、部屋、店、跨線橋、階下、屋上		近東方面、僻地、南、東、島、長崎、地獄、仙台、星、諸島、シベリア、あの世	<u>日本、近江、ロシア</u>
受主	<u>長官、成功者</u>	母、父、娘、息子、妻、兄貴、彼女、私、取引先、登場者、社員、良子、嵐、保兵衛、嶋田、帝、素子、伸子、久坂、峯一、安、たち、さん、あなた、あちこち		女、あなた、ママ、夫人、私、パパ、隣人、未紀、僕、豊平、父、夫、彼女、彼、添田、男、他、千枝子、人類、人間、神、実母、市民、子供、子、妻、吟子、園子、異性、杏子、やよい、お子さん、あたし
时间			未来、過去	
目标对象	大国、成功		人生、再生	花房、論理、物語、世、人道、人生、死、革命、正常さ

表5表示前接名词和后续名词之间的关系,比如前者为"场所",后者为「階段」时,即为「二階への階段」,而同一「階段」,如果前者为"受主"时,则为「成功者への階段」,此时的「階段」则更偏向于

抽象名词,表示顺序步骤。同理,「日本/近江/ロシアへの愛」中的前接名词虽然本身属于"场所",但在此初却作为"目标对象"使用。

由上表可知,"方向义"的后续名词多与"场所"搭配,而"对象义"的后续名词则多与"受主"搭配。如前所述,表 3 的「への」的前接名词以"受主"与"目标对象"为主,且普遍具有对象性,而表 4 的「への」的后续名词要求有特定对象为前提,因此可认为具有对象义的前接名词和以要求有特定对象为前提的后续名词,这两者的完美结合最容易构成「への」结构。

6. 连用格与「への」间转化的局限性

综上所述,「へ」结构主要以"具体・移动"为主要意义特征,其中具有对象义的用例寥寥无几。而「への」结构主要以"抽象・对象"为主要意义特征,因此其中具有场所与方向义的词并不多见。

山田敏弘、张佩霞、黄成湘等从形态上分析了「へ」「に」「を」与「への」的转换,但通过观察发现,比起形态上的对应,「へ」「に」「を」三者与「への」的转换在词汇意义上更具有共通性。以下将从形态与意义相对应的角度探讨「への」结构在意义上的限制。表 6 用例及转化后的例句均引自黄成湘(2008)。其后数字为笔者用"KOTONOHA"对转化后例句中的「への＋名詞」结构进行检索得到的使用频率。

表 6 「への」与「へ」「に」「を」的对应关系

助词	深层格	例　　句
へ	場所―終点	私は自分の部屋へ戻った→自分の部屋への戻り(0)
	受け手	近状の家々へ、迷惑をかけることになる→近所の家々への迷惑(3)
	場所	だから、あそこへ運河を作ろうということは…→あそこへの運河作り(0)

续表

助词	深层格	例句
に	場所—終点	スエズに入港しました→スエズへの<u>入港</u>(3)
	終状態	それが此の屋根を界に消散する→界への<u>消散</u>(0)
	対象	此の勇士の苦節に同情した→この勇士の苦節への<u>同情</u>(9)
	受け手	母に手紙を書こうと思って→母への<u>手紙</u>(46)
	範囲規定	その結果として、セールスに成功するわけである→セールスへの<u>成功</u>(1)
	目的	研究に費やす金は次第にかさみ→研究への<u>金</u>(2)
	相手	皆さんにお別れするのがつらくて…→皆さんへの<u>別れ</u>(1)
を	対象	大気汚染や放射能の危険を心配する→大気汚染や放射能の危険への<u>心配</u>(4)
	終状態	農業経営の大規模を実現する→農業経営の大規模化への<u>実現</u>(0)
	比較の基準	高度は三百米を下って→三百米への<u>下り</u>(0)
	範囲規定	君の幸福を祈る→君の幸福への<u>祈り</u>(3)
	場所—終点	後ろを振り返ると…→後ろへの<u>振り返り</u>(0)
	場所—通過	間もなく第三・第四のトンネルを通過した→トンネルへの<u>通過</u>(2)

由表6可知,转化后例句中的「への+名詞」结构使用频率最多的依次是「への手紙」「への同情」「への心配」「への祈り」「への迷惑」「への入港」。而未检索出「への戻り」「への運河作り」「への消散」「への実現」「への下り」「への振り返り」等表达。

因此,凭借主观认为连用格的「へ」「に」「を」可转化为「への」结构有一定的风险,通过语料库检索可知,大部分例句转化后不能构

成「への」结构。通过表 6 可知,「へ」用法中只有少数可以转化为「への」,而且这些例句都是必须满足表示"抽象・对象"的条件。另外的两个助词也显示了这种倾向,比如「を」转换为「への」比例最高的是「受け手」,「に」转换为「への」比例最高的是「对象」,「を」「に」的大部分例句同样不能转换为「への」。

7. 结语

通过上述观察分析,至此可认为「への」结构并不是连用格「へ」后续动词的简单省略,只有满足表示"抽象・对象"的条件才可转换为「への」。由于「の」的介入,使其由方向转化为对象,由具体转化为抽象,大大地限制和改变了助词「へ」的使用,这个转化可以从上述表格得到证实。

针对认为「への」结构是由连用格「へ」「に」「を」转化而来的观点,本文通过对由连用格转化而来的「への」结构的分析,发现同样只有满足表示"抽象・对象"的条件,比如「へ」「に」「を」深层格中「对象」「受け手」才可转化为「への」。

这种由于「の」的介入而限制和改变原有格助词用法的现象,不仅仅限于「へ」,其他的格助词在与「の」结合时也会产生同样的现象,这是很值得今后继续探讨的课题。

参考文献

木村睦子:1997,『日本語における表層格と深層格の対応関係』[M],三省堂。

金田一春彦:1988,『日本語新版下』[M],岩波新書:p.87。

森田良行:1989,「基礎日本語辞典」[M],角川書店: p.1016。

山田孝雄:1936,「日本文法学概論」[M],宝文館出版: p.1123。

渡辺友左:1983,「ヘ格の名詞と動詞の組み合わせ」「日本語文法・連語論」[C],むぎ書房: p.341—p.352。

胡積:2006,《论与格助词重叠的「の」》[J],日语学习与研究(1)。

黄成湘:2008,《「格助詞+の」结构与连用格对应关系考察——以「ヘノ」结构和「デノ」结构为中心》[D],湖南大学。

张佩霞:2006,《"NP1+格助词+の+NP2"中格助词的显隐机制》[J],湖南大学学报(7)。

山田敏弘:2002,「格助詞及び複合格助詞の連体用法について」[J],岐阜大学国語国文(29)。

关于新旧两种语法体系的
实证性研究

1. 序言

近来对日语教育应该采取何种语法体系的关注空前高涨,仅发表在各类学术刊物上的相关论文就不下 10 篇,这些论文对旧有的学校语法有赞成,有观望,也有批评。其中批评最为集中的是动词的活用表,为了消除学校语法活用表的种种弊端,有的学者还运用新的语法体系编写了教材,这种身体力行脚踏实地的努力令人钦佩。

不过,在国内引进新语法体系并融入日语教学还有漫长的道路要走,在批评学校语法(以下简称旧语法体系)的同时,事实上对日本语教育语法(以下简称新语法体系)我们所知甚少。由于新旧语法体系都借鉴了欧美的语言研究成果,忽略了日语自身的特殊性,因此两者作为外语教学的语法体系,也许都不是最佳选择。为了了解具有代表性的基础动词的各种形态的实际使用状况,本文从小说剧本为主的语料库 4 500 万字中抽取基本动词,对各动词的每个活用形态的实际使用状况进行统计分析,以为讨论现行的活用表时提供客观依据。

本文并无扬此抑彼之意,只是提供一些客观数据,愿与同仁共同探讨。

2. 问题所在

在进入正题之前,有必要借鉴一下对外汉语教学的经验。

郭熙(2002)指出理论语法和教学语法之说历来有之,王力(1957)就指出"学校语法重在实践,科学语法重在理论的提高",说明研究和教学应区别对待。郭文还指出必须区别作为母语的语法教学和外语语法教学,对后者"可以不追求系统的一致性,其教学需要的规则和解释也可以是局部的、临时的、不完善的、就事论事的、甚至是片面的"。卢福波(2002)也指出理论语法和教学语法既有联系又有区别,对后者,"首先,对所教内容必须做浅化和简化处理"。可见,作为外语教学的语法,应该做到与理论研究有所区别,不求完美,化繁为简,追求实用。王岗(2009)等对中港韩大学日语语法教学调查的结果也从学生的角度证实了上述观点的必要性,被调查三地学生大多认为有必要学语法,但不能容忍"语法解释复杂难懂"。

目前对旧语法体系的态度,可以粗略地分为三种,即(A) 主张维持现状的,有王婉莹(2004)、黄文溥(2004),(B) 主张折衷观望的,有徐一平(2003),陈俊森、赵刚(2006),(C) 主张弃旧图新的,有朱新华(1994)、彭广陆(2007)。另根据陈俊森在 2009 年人民教育出版社主办的讨论会上的发言提纲,目前大纲、教材、辞典中实行(A)主张的有 7 种,实行(B)主张的有 2 种,实行(C)主张的有 4 种,可见新旧语法体系正在交替之中,对它们的研究已经到了刻不容缓的地步[①]。

[①] 感谢陈俊森老师提供的信息。据称(A)类的有《日语专业基础阶段教学大纲》、《日语精读(宿久高)》、《初级日语(赵华敏)》、《新大学日语简明教程(王诗荣,林璋)》、《现代实用日语(张威)》、《新世纪文化日本语(冯峰)》、《实用日语(高职高专,陈百海)》、各类词典语法书、卡西欧电子词典。(B)类的有《大学日语课程教学要求》、《日语课程标准(中学)》。(C)类的有《(新版)標準日本語(唐磊)》、《综合日语(彭广陆)》、《新大学日语标准教程(陈俊森)》、《日语基础(徐敏民)》。

孟瑾(2005)对旧语法体系的批评主要集中在 5 个方面。即① 助动词的认定,② 五段动词活用表的非科学性,③ 动词词干词尾的界定,④ 动词活用形的名称及设立,⑤ 形容动词的问题。笔者注意到上述批评没有涉及日语格助词,格助词在新语法体系中也是被批评的对象之意,尽管如此,有些日本学者也采取了认可的态度,如庵功雄(2001)。这可能是因为将「君に」视为一个词将难以解释「君にばかり」和「君ばかりに」等助词重叠的现象,因此笔者认为目前保留格助词(格助辞)对外语教育来说还是必要的。

以上的问题中,①的问题容易解决,现状是把助动词纳入语气研究的领域,并以句型的形式来处理,这种做法虽非上策但也不必苛责。⑤的问题也比较容易解决,只要将形容词改为「イ形容词」,将形容动词改为「ナ形容词」即可。旧语法体系中为人诟病最多的是与②③④相关的动词的活用形,彭广陆(2007)指出,以桥本进吉的语法理论为基础的现行的旧语法体系的特点是重语言的形式,句节(文節)这个概念使得"词只得降格为构成句节的材料,无疑这与普通语言学对词(word)的定义不符"。

彭文在指出活用体系是日语语法的核心之后,对旧语法体系中的活用表存在的问题概括为:① 标准不统一,只有终止形命令形名如其实,其他名不符实,② 包含词形不全,没有涉及「読まない」「読みます」「読んだ」等。③ 语法范畴缺失,无法体现时(tense)、体(aspect)、语气(mood)、极性(polarity)、语体(politeness)、态(voice)。④ 似简实繁,要记大量的助动词的活用。⑤ 名不符实,终止形不只是「読む」,「読んだ」「読め」都是表示终止。⑥ 排列方式不合理,应先分终止形和接续形,然后对后者再分连用形和连体形。⑦ 词干词尾界限不明,单音节动词「着る」没有词干。⑧ 动词分类不当,应分为规则动词和不规则动词,前者可再分I类动词和II类动词。

依笔者管见,目前对新语法体系活用表有一种误解,这种误解源于日本学者对活用表在语言研究中的定位有关。铃木重幸(1972)

表1 動詞の基本的な活用表①

				ふつう体の動詞		ていねい体の動詞	
				認めの動詞	打消の動詞	認めの動詞	打消の動詞
終止形	述べ立て	断定形	非過去形	よむ	よまない	よみます	よみません
			過去形	よんだ	よまなかった	よみました	よみませんでした
		推量形	非過去形	よむだろう	よまないだろう	よむでしょう	よまないでしょう
			過去形	よんだだろう	よまなかっただろう	よんだでしょう	よまなかったでしょう
	誘いかけ			よもう	(よむまい)	よみましょう	(よみますまい)
	命令形			よめ	よむな	よみなさい	
連体形			非過去形	よむ	よまない	(よみます)	(よみません)
			過去形	よんだ	よまなかった	(よみました)	(よみませんでした)
中止形	第1なかどめ			よみ	よまず	(よみまして)	よみませんで(して)
	第2なかどめ			よんで	よまないで	よみまして	
並べ立て				よんだり	よまなかったり	(よみましたり)	(よみませんでしたり)

① 根据高橋太郎 2005, 略作简化。

续表

		ふつう体の動詞		ていねい体の動詞	
		認めの動詞	打消の動詞	認めの動詞	打消の動詞
条件形	バ条件形	よめば	よまなければ	（よみますれば）	よみませんでしたら／よみませんと
	ナラ条件形	よむなら	よまないなら	（よみますなら）	
	タラ条件形	よんだら	よまなかったら	よみましたら	
	ト条件形	よむと	よまないと	よみますと	
譲歩形	テモ譲歩形	よんでも	よまなくても	よみましても	（よみませんでしても）
	タッテ譲歩形	よんだって	よまなくたって		

所代表的学派,以母语的日语为对象,使活用表尽可能地解释更为广泛的语言事实。这种研究态度无可厚非,但是它是为日本中小学学生所用,不是为外语教学而设计的。要求一张活用表满足彭文中的①至⑧的要求,就会导致这张活用表异常庞大,远远超出了作为教学手段的动词活用表应该承担的职责范围,如不加区别地照搬,更是与教学语法化繁为简的宗旨背道而驰。因为日本学生语言学习在前而语法学习在后,而作为外语学习者语法学习在前而语言学习在后,借助语法才能学会听说,因此,这张表只要说明某动词后续何种形式表示何种意义就足够了,作为手段越简单越好。

在日语教育中,动词活用的学习安排在基础阶段,这种知识通过逐个动词或后续形式的学习操练,日积月累就可以收到应有的效果。在初级阶段,即便是动词活用单元学习结束后,以下新语法体系的活用表对学生而言,既庞大又复杂,使用非常不便。

由于受到 WORD 制表功能的限制,对表 1 略加说明。

本表第 1 行为语体(politeness),第 2 行为极性(polarity),右边数起第 5 列为时(tense),第 6、7 列为语气(mood)。此表尽管已经十分庞大,但是仍然无法满足彭(2007)对旧语法体系活用表提出的要求,尚缺体(aspect)和态(voice)两种语法范畴,可见上表作为研究具有很高价值,但试图将上表用于国内的日语教学尚有许多细致的工作要做。

3. 引进版日语教材以及新语法体系的活用表

贾朝勃(2009)介绍了近年来引进的日语原版教材,有以下几种,为行文方便,分别称教材(A)、教材(B)、教材(C),从中可以看出新语法体系在日本的实际运作之一斑。

(A)《新日语基础教程》,(日)财团法人海外技术者研究协会编著,外语教学与研究出版社,1998 年 9 月。

(B)《大家的日语》,(日) 3A Network 编,外语教学与研究出版社,2003 年 8 月。

(C)《新版标准日本语》,(日) 光村图书出版株式会社编,人民教育出版社,2008 年 1 月。

贾文在肯定上述教材对活用形的处理和铃木重幸等学者关于"词"的定义一致的同时,又指出具体语法解释"似乎对铃木重幸等学者的理论理解存在误区",并举了(A)(B)两教材的活用表。活用表(C)为笔者根据教材(C)增补。

表 2 (A)(B)两教材活用表

《新日语基础教程》活用表(A)

辞書形	マス形	ない形	て形	た形	意向形	命令形	禁止形	条件形
書(か)く	かきます	かかない	かいて	かいた	かこう	かけ	かくな	かけば

《大家的日语》活用表(B)

辞書形	マス形	ない形	て形	た形	意向形	命令形	禁止形	ば形
書(か)く	かきます	かかない	かいて	かいた	かこう	かけ	かくな	かけば

《新版标准日本语》活用表(C)

ます形	て形	ない形	基本形	た形	命令形	意志形	ば形	可能形式	被動形式	使役形式
かきます	かいて	かかない	かく	かいた	かけ	かこう	かけば	かける	かかれる	かかせる

以上 3 活用表虽然数量不同,可说是大同小异。贾文指出,具体解释中存在以下不足。即在解释相当于连用形的形态时,教材

(A)称"去掉「食べます」的「ます」所剩的「食べ」称作「ます形」"(p.195),关于「ない形」的解释也如出一辙。如此推理,「て形」「た形」可能被误解为排除「て」「た」的剩下部分,在解释「動詞て形＋います」时,可能出现致命的破绽,因为根据这种解释,学生得出的结果将是「書いいます」,这种担忧也适用于其他活用形。

且不谈这种做减法式的命名方式给学生带来的不便,依笔者所见,两表的问题还不止于此,以下以活用表(A)(B)为主要对象,分析它们的各自的得失。

第一,动词认定问题。两活用表中的「辞書形」一般是指旧语法体系中的终止形,在表2中辞书形和命令形的「書く」「書け」是独立的动词,而由「書く」与其他后续形式构成的「書きます」「書くな」等形式是否是一个独立的动词值得商榷。因为按照《基础日语教程》(朱春跃等编著,外语教学与研究出版社,1998,以下简称教材(D))第6页的解说,后者属词根附加词缀形成的派生动词。如果「書くな」是一个动词,那么同样表示禁止的「書くなかれ」是否也应该作为一个动词呢？也许活用表的制作者会认为「書くなかれ」只要解释为辞书形加「なかれ」即可,如果这样,那么「な」是否也可以同样处理而使活用表更为简洁呢。

一般新语法体系一般把表1中的「読まなかっただろう」作为一个动词来看待,但是在外语教学中,一个学过「あの人は学生だろう」的学生自然会察觉到两者具有共同的「だろう」,恐难以接受一个动词之说,同样,学过「寒いな」的学生学到「書くな」也会产生同样的疑问。再则,如果把「読ませてもらえはしなかっただろう」这样各种后续语法形式的复杂组合,看成是一个词的词尾变化让学生记忆,将会过犹不及,适得其反。从外语教学的角度来看,将「書くだろう」和「書くな」看成两个词更为合理,这样也符合词是具有词汇和语法功能可以独立应用的最小单位的一般常识。如果这样分析,表1表2也存在彭(2007)中①的问题,即"包含了性质不同、层次

不同的东西"。

第二,活用形命名不统一。表2各表活用形的命名法可以分为两种,一种可称"以形命名",另一种可称"以意命名"。前者是因为这些活用形后续多种形式,无法用一种意义来确切地概括该活用形才不得已而为之。旧语法体系中未然形这一名称历来备受诟病,其实是出于同样的无奈。但是日语动词的活用形有限,而后续形式繁多,势必一种活用形必须承接多种表达形式,无法用一个名称准确概括一切是日语的宿命。对旧语法体系未能解决的难题,新语法体系试图用"以形命名"的方式来回避解决,反而造成新的混乱。表2中两种不同形式的命名法导致了新的"标准不统一"。

第三,命名不科学。如上所述,表1将一个活用形再分为数个子类,避免了表2的命名标准不一,但是并未解决命名的科学性问题。表5是笔者从语料库抽取的数据,从左侧第一栏可以看出,日语中动词用的最多的恰恰是表1中的「第2なかどめ」,即「読んで」这样的形态。对这样一个频繁使用的活用形,使用「第2なかどめ」这样以数字命名的方法达不到所见即所得的效果。如陈宝堂(2000)批评《中日交流标准日本语》(人民教育出版社,1988,以下简称教材(E))将动词分为[动1][动2][动3]的做法一样,"令学习者不知所云"[①]。可见应极力避免用数字作语法术语。此外为了化解后续表达繁杂的矛盾,采取一个活用形下再下设「中止形」,再设「第1なかどめ」「第2なかどめ」「並べ立て」三个子类,这种叠床架屋的做法也值得商榷。

其实,连用形由于缺乏利用语料库对其进行调查的手段,以往对它所知无几。从表5可以得知,旧称连用形的最大的用途是造词功能,如「読み書き」,几乎占了所有用法的一半。其次才是「ます」

---

① 教材(D)改表1的中止形为连用形,下设"第一中止形""第二中止形""同时形""先行形""并存形"。

「ながら」「たい」等,因此「読み」作为中止形并不具有代表性,「読み」正在被音便形的「読んで」取代①。「中止形」这一名称不具备代表性,在目前尚无合适名称的情况下,不妨沿用旧称连用形这一名称。

各形态实际使用频度,也应该成为探讨活用表的重要依据,将上述中止形改为连用形,或许可避免名不符实的尴尬。在这个意义上,表2中的禁止形也可取消,因为根据表5显示的数据来看,「な」在日语教学中,学习者几乎没有使用的机会。

第四,活用形排列方式不合理。表1中的命令形是置于终止形之下的,诚然,命令表达式结句的一种形式,但是,在实际教学中将「読め」和「読む」作为同一层次的表达来处理更加容易接受。可能是因为注意到了这一点,表2才将命令形和「読みます」同等对待,这种处理方法还是比较务实的。

第五,动词的规模。对于活用表1,其中有动词,也有派生动词,复杂程度不同,那么动词活用表应该容忍复杂到何种程度动词为宜呢。对此,笔者使用同一语料库,随意抽取10个常用动词,对后续形式作了调查,如表3。表中对复合动词按照成分分割,单独的动词称为一次形式,此后每增加一个成分便多一个形式,据此分法,表1中的「読まなかっただろう」是个四次形式的派生动词②,表3的最后一行表明,抽取的动词一次形式共92 294例,二次形式共14 359例,占一次形式的15.56%,而三次形式只占2.68%,四次形式只占0.07%。由此可见,活用表只要覆盖二次形式就足以应对现场教学,即限定在「読む」「読まない」「読んでいる」「読みます」「読む人」「読まれる」「読めば」这个程度,这样既可克服旧语法体系中「読ま」

---

① 如此之多与调查抽取动词常用于口语有关,但是排除这个因素,两者差异之大仍感意外。
② 虽然笔者认为「だろう」不是动词内部变化的词尾,对此持不同看法,在此为了便于统计,暂且作为一个动词对待。

这个单位不能单独使用的缺陷,又可以避免过长的词形给学生造成的记忆上的负担。

对一些复杂的形式,如「読みましたら」,可以将「ます」和「たら」独立出来另行处理,采取分而治之各司其职的办法,这样做也符合日语作为黏着语的特征。事实上,具有足够判断能力的学生会对动词「読みます」「読みません」作横向比较,同时还会与「書きます」「書きません」做纵向比较,自然会发现「ます」的存在并试图了解它的形式和意义。而在教材(E)中,只是说"「～ます」表示现在肯定,「～ません」表示现在否定",于是"这种解释学生既不知「ます」如何而来,也不知「ます」今后如何用"[①]。分而治之就是把后续形式作为独立的成分对待,各司其职就是指该形式作为具有活用的形式来对待。这样处理,终止形就被局限在「読む」,而「読みます」成为「読む」加「ます」的终止形,「読み」作为动词存在,而「ます」则赋予动词新的语体上的意义。与新语法体系相比,分而治之各司其职的做法或许更加简便易行。

表3 后续形式与使用频度

一次形式		二次形式		三次形式		四次形式	
思う	14 054	思わせる	207	思わせて	30	思わせておく	8
言う	13 688	言われる	898	言われている	240	言われているようだ	1
来る	8 975	来ない	987	来なければ	39	来なければならない	10
できる	8 489	できます	554	できました	213	できましたよ	11
見る	8 154	見た	9 467	見ただろう	14	見ただろうが	1
見える	4 121	見えない	1 478	見えなかった	579	見えなかったら	1
わかる	3 727	わからない	4 936	わからなかった	1 104	わからなかったのだ	26

---

① 卜宪华(2003)。

续表

一次形式	二次形式	三次形式	四次形式
読む 1 472	読まない 105	読まなかった 27	読まなかっただろう 0
知る 1 298	知っている 2 666	知っていない 34	知っていなくても 0
消える 538	消えてしまう 141	消えてしまっている 19	消えてしまっていた 12
92 294 (100%)	14 359 (15.56%)	2 477 (2.68%)	66 (0.07%)

第六,对称的必要性。新语法体系非常注重体系的对称,每个动词总是成对推出,比如,「読む―読まない」「読む―読んだ」分别表示肯定否定、现在过去,这从理论上来说是必要的,但是在现场教学中是否有效,值得探讨,详见表4。

表4 不同组合形式的动词使用频度比较

読む	読むだろう	読んだ	読まなかった	読みます	読みません	読んだでしょう	読まなかったでしょう
141	1	286	10	23	4	2	0
書く	書くだろう	書いた	書かなかった	書きます	書きません	書いたでしょう	書かなかったでしょう
132	5	469	15	45	10	1	0
見る	見るだろう	見た	見なかった	見ます	見ません	見たでしょう	見なかったでしょう
884	14	3 170	55	94	39	14	0
消える	消えるだろう	消えた	消えなかった	消えます	消えません	消えたでしょう	消えなかったでしょう
245	5	531	42	11	3	2	0
来る	来るだろう	来た	来なかった	来ます	来ません	来たでしょう	来なかったでしょう
2 408	39	3 958	421	365	81	8	1
① 98∶2		② 94∶6		③ 80∶20		④ 98∶2	

表 4 显示的是 5 个动词的使用频度，最后一行显示了各动词组合的综合比例，除了③外，①②④的比例差距极大。根据这个数据，笔者认为将动词成对传授给学生并不比单个传授给更有优越性，反而有可能增加学生的记忆负担，甚至导致学生的理解上的偏差。比如由于表 1 的示范作用，学生今后可能面对「読んだ？」的提问，只知「読まなかった」，而不知「読んでいない」。同样地，学生把「読め—読むな」作为组合来记忆，其实这一组形态已经日趋消亡，取代它的是「読みなさい—読んではいけない」，可见追求活用表的对仗齐整在实际教学中可能带来意外的负面效应。

4. 结语

以上以动词活用表为例，粗略地回顾了学界对旧语法体系的批评，从 6 个方面指出了新语法体系的一些问题。日语动词的活用表，按旧语法体系，「行か」不能独立运用，而按照新语法体系，「行かなかっただろう」又大于单词的单位，前者不足而后者有余，显示两者都难以自圆其说。这说明了日语的特殊性，新语法体系试图借鉴欧美的语法框架来分析日语，在理论层次上是可行的，但是在日语教学实践的细节中往往顾此失彼。迄今为止对旧语法体系批评盛行，正因为对新语法体系所知甚少，也缺乏从外语教学这个角度做深入细致的调查研究，而通过调查可以认为新语法体系也或多或少地存在各种问题。在这个意义上新旧两种体系不是孰优孰劣，而是各有利弊，任何排斥对方的做法都不可取，也许相互取长补短，侧重实用，最终建构一个新的适用于外语教学的日语语法体系才是最为现实可行的途径。

综上所述，笔者认为制定活用表时，要考虑理论研究和现场教学的区别，母语教学和外语教学的区别，力求简单明了，不求全责备。动词的活用形，作为可以独立运用的最小单位，只要把它的形

表5 动词的6种形态与语法职能对照表

形態	意志	禁止	終止	条件	造語	否定	複合述語	補助用言	命令	連体	連用
あ 21 609					3 329 読まれる 読ませる	18 280 読まない 読まず					
い 11 258				5 読み次第	5 100 読み書き 読み出す		4 654 読みます 読みたい		87 読みたまえ 読みなさい		1 412 読みながら 読み
う 9 175	68 読むまい	2 読むな	3 392 読む。 読むか。	924 読むと 読むが			2 489 読むだろう 読むのだ			2 300 読む人 読むほど	
え 312				225 読めば					87 読め！		
お 152	152 読もう										
て、た 41 977				1 638 読んだら 読んでも			143 読んではいかん 読んでたまるか	18 555 読んでいる 読んでほしい	89 読んでご覧		21 552 読んで、 読んだ。

态、接续和意义讲明白即可,对后续形式可以分而治之,各司其职,在活用上和动词同等对待。此外对活用形的设置,还可以综合考虑使用频度等因素。

最后,表 5 由 MS-ACCESS2003 生成,表以五段动词作为基准,将 6 种形态与语法职能置于一表,数字为实际使用频度,各种形式相互关系一目了然,可以作为研究活用表时的参考。此表多少反映了笔者对活用表的观点,将其中部分栏目合并取消,可以形成"意志""终止""条件""否定""命令""连体""连用"的 7 种活用形,比旧语法体系多 1 种,而比表 2 少 2 至 4 种,由于这种方案建立于语料库基础上相对可信。当然这种方案仍不能面面俱到,比如"否定形"只是因为这个形态大部分接否定形式,为此「読まれる」「読ませる」被列入造语形与「読み書き」为伍,对一形多意的活用形的名称最终只能是取其代表性的用法,不可能囊括所有。此外,如果将"连体"和"连用"分别理解为修饰体言或修饰用言及其他,也许多少可以避免命名标准不一的尴尬。这样做只是一种新的探索,许多细节问题尚有待进一步深入探讨,欢迎各位同仁共同关注这个问题。

参考文献

庵功雄:2001,新しい日本語学入門[M],3A Network:p. 36。

卜宪华:2003,标准日本语教材教学之我探[J],长春大学学报(5):p. 29—p. 30。

陈宝堂:2005,标准日本语得失谈[J],日语知识(5):p. 20。

陈俊森、赵刚:2006,大学日语(二外)教学改革展望[J],中国外语(2):p. 24—p. 26。

高桥太郎:2005,日本語の文法[M],日本羊书房:p. 62。

郭　熙：2002,理论语法与教学语法的衔接问题[J],汉语学习(4)：p.58—p.66。

黄文溥：2004,试析中国日语教学语法[J],日语学习与研究(1)：p.50—p.54。

贾朝勃：2009,日语教育文法在日语教材中的实际运用观察[J],日语学习与研究(2)：p.114—p.117。

铃木重幸：1972,日本語文法・形態論[M],日本麦书房。

卢福波：2002,对外汉语教学语法的体系与方法问题[J],汉语学习(2)：p.51—p.57。

孟　瑾：2005,解读现代日语中的新的语法体系[J],日语学习与研究(3)：p.22—p.28。

彭广陆：2007,日本学校语法批判[J],日语学习与研究(1)：p.9—p.17。

王岗、方韵、坂口昌子：(2009),日语语法课教学的问题思考[J],西南民族大学学报(11)：p.146—p.149。

王　力：1957,语法体系和语法教学[A],语法和语法教学[C]：p.42。

王婉莹：2004,日语低年级精读课教材分析[J],清华大学学报(哲学社会科学版)增(1)：p.96—p.99。

徐一平：2003,日本学校教育语法功过论[J],日语学习与研究(3)：p.1—p.5。

朱新华：1994,铃木重幸与学校文法批判[J],日语学习与研究(2)：p.14—p.17。

政治信念、政治的信念、政治的な信念

1. 引言

日语中名词接受其他各种词类修饰的关系据寺村(1991)有以下几种,原文摘录如下。

(1) 名詞＋ノ
(2) 名詞＋格助詞＋ノ
(3) 副詞＋ノ
(4) その他の形＋ノ（知ってのこと、飲みながらの、～すればの）
(5) 連体形
(6) 名詞的形容詞＋ナ
(7) 動詞、形容詞の確言形（基本形とタ形）

从广义的名词连接上来说,除此以外,日语中还可以包括以下相互接续关系。

(8) 名詞＋名詞（政治家は<u>政治信念</u>に基づき行動するものだ。960827①)

---

① 这个数字表示该例句取自每日新闻1997年11月1日,以下同。

(9) 名詞＋的＋名詞（議員たちの政治的信念は何か？960701）

(10) 名詞＋的な＋名詞(「政治的な信念に基づいて発言したのだろう」960621)

　　迄今为止,由于(8)(9)(10)之类的表达缺乏必要的技术手段,无法观察各种用法的实际情况,所以长期以来不为人所了解。这种相近的表达在日常生活中频繁出现,因此有必要对它们的使用状态作一调查,为此笔者用计算机调查了每日新闻 1996、1997、1998 三年的全部资料约 2 亿字①,结果如下。

　　就(8)而言,仅举「政治」一词为例,就检索到「政治信念」之类用例 25 413 例,检索到(9)的「政治的信念」之类用例 38 550 例,检索到(10)的「政治的な信念」之类的的用例更是达到 54 720 例,远高于用同一语料库检索得到的(4)的テノ(4 619 例)、ナガラノ(1 156 例)和バノ(24 例)②,所以对(8)(9)(10)类的「的」的用法作一调查十分必要。

　　迄今为止,论及「Ａ的」「Ａ的な」研究的论文有山田(1961)藤居(1961)远藤(1984),原(1986)堀口(1992)王(2000)等,本文的考察的范围不限于(10)意义用法,而是在一个更为广阔的视野中对三者进行分析。为避免繁琐,考察范围排除了「的に」「的で」「的だ③」等活用形。把握上述三者实际使用的状态,探讨三者的相互关系,是本文的主要目的。以下介绍利用数据库软件对(9)(10)的检索后处理的结果。

---

　　① 选择报纸语料库是因为报纸的用语和书写比较规范,不易发生漏检,并且容易查验。
　　② 检索结果中排除了テノ中的复合助词ニトッテノ和后缀的フタリソロッテノ,如「第一部を聞いての印象」「酒を飲みながらの喫煙」「自分さえよければの世の中」。
　　③ 包括「的、」这样的中顿形,因为「Ａ的」和「Ａ的な」在作中顿和结句时形态上没有区别。

2.「A的」与「A的な」

在实际使用中人们最关注的莫过于「的」「的な」之间是否可以互换,以下将「A的B」这样的名词结构称为"的结构",下设「A的」「A的な」「的B」「的なB」四个分类。「A的」「A的な」的数据分别列表如下。

表1 「A的」和「A的な」前10位高频度名词

A的	政治	社会	具体	国際	歴史	経済	平和	基本	精神	国民
	2 214	1 727	1 247	1 104	1 092	905	802	757	745	624
A的な	具体	本格	国際	積極	世界	基本	実質	伝統	抜本	最終
	4 326	25 732	1 714	1 705	1 296	1 186	857	809	767	765

表1反映的是(9)(10)的「A的」和「A的な」前10位高频度前接名词,从表中可以看出,首先,「A的な」的用例要远多于「A的」,两者的「延べ語数」的比例为55 652∶39 148,「異なり語数」的比例为2 231∶1 976,也就是说,无论在例句总数上还是在接续的范围上,「具体的な」的用法要远多于「具体的」的用法。其次,表1中的所有名词如果忽略后续词,他们都可以互换,比如「具体的」和「具体的な」,但是讨论脱离后续词的互换性没有实际意义,因为一个词不可能单独使用,在考虑互换性时必须结合后续词一并考虑。此外,仅从表1还可看出,仅前10位中就有三组名词重复,如「具体」「国際」「基本」,说明上述名词的互换率很高。

但是应该看到,不是所有的名词都可以互换的,表1并没有显示哪些名词不可互换,表2显示了某些名词是不可互换的。「消極的」和「消極的な」按表1排序分别为13和22位,是个使用频度较高

的词,两者的使用频度也比较接近,它们之间的某些场合下不能互换,下表反映了「消极的」「消极的な」后续名词时的实际使用状况。

表2 「消极的B」和「消极的なB」前10位高频度名词

的B	安楽死	姿勢	賛成	意見	支持	容認	安全保障	対応	悪	選択
	77×	33〇	13〇	7〇	6×	5×	5×	4〇	2×	2〇
的なB	姿勢	意見	発言	態度	ため	もの	理由	見解	こと	日本
	122〇	30〇	14〇	13×	12×	9×	8〇	8×	7×	6×

表中的「〇」和「×」分别表示是否可以和对方互换,如「消极的安楽死」和「消极的な安楽死」不可以互换,而「消极的姿勢」和「消极的な姿勢」可以互换,数字表示该处例句出现的频度。在「消极的」「消极的な」使用频度最高的前10位后续词中,可互换的和不可互换的约各占一半[①],因为前半部分「消极」是相同的,所以这种互换性的有无自然归结为主要来自后续词的制约。

根据对表1及表2的分析,可以得出:

(A)「A的な」的用例无论是总数还是可接续名词范围都要大于「A的」。

(B) 两者能否互换主要取决于后续词的性质。

3.「的B」与「的なB」

既然「A的」和「A的な」能否互换主要受制于后续词,那么与其观察可以互换的后续词,不如观察只接「A的」或只接「A的な」的某

[①] 这指在2亿字范围内的检索结果,语料库规模再大也不可能穷其所有,所以不排除例外,比如在Google上就有不少反例,但是网络例句不规范,因此把语料库检索结果作为语言研究的依据还是有意义的。

一方的单一接续的名词更能反映这种制约条件的规律所在，本文中把这种单一接续称为排他性，并将排他性高频度后续词列表如下①，这些后续词都不可互换。

表 3　「的 B」和「的なB」前 10 位高频度名词

的 B	等級	こころ	今日	引上げ	プレゼンス	任命	信条	均衡	反抗	スイドル
	35(1)	29(2)	22(1)	19(3)	16(3)	12(1)	12(4)	11(4)	9(2)	8(1)
的な B	もの	こと	の	かたち	ところ	声	攻め	感じ	ため	点
	1 605 (498)	529 (186)	267 (51)	102 (50)	95 (59)	69 (25)	50 (15)	33 (33)	32 (16)	28 (20)

从表 3 可以看出，「A 的なB」的用例多于「A 的B」，这一点上与表 1 相一致。表 3 的第二个明显特征是「的なB」中的高频度后续词都是一些高度抽象、缺乏实质意义的名词，比如「もの」「こと」「の」「ところ」等，他们只接「的な」之后，关于这点，即使是表 1 中使用频度最高的「政治」「具体」也不例外②，只能说成「政治的なもの」「具体的なこと」而不能说成「政治的もの」「具体的こと」。

表 3 的另一特征是其中的「的 B」栏中的词虽然在单独使用时都是些常见的名词，这些名词一般可以与其他的词自由组合，如「障害等级」「心苦しい」等。但是当他们置于"的结构"时，也就是在「～的等级」这个结构中，他们的自由组合的能力受到了极大的抑制，「等级」只和「投机的」结合，这与「～的なもの」的可以与名词自由结合形成鲜明的对照。

---

①　表中数字表示「延べ語数」，括弧中的数字表示「異なり語数」。表中的「の」是指「印象的なのは」这样的后续形式名词的用例，不包含「特徴的なのか」等非形式名词用法。

②　每日新闻中仅有一句「古代人の神秘的のもの」，在本文中作为例外处理。

试看以下「A的等級」的例句。

(11)「Ba1」以下の9等級は「投機的等級」として投資不適格を意味する。970416
(12)「Aaa」から「Baa」までが投資適格等級で、「Ba」以下の投機的等級は、投資家が損失を被る可能性がある。970213

　一个词如果在某个结构中只与特定的词相结合,可以认为这是一个固定的词组,而不是一个可以自由组合的独立的名词,「投機的等級」就是这样的词组。在(12)中可以看出「投資適格等級」「投機的等級」两词组分别作为投资对象的信用级别而相对立,是经济学方面的专用术语。
　「こころ」也是这样一个特殊的专用术语,29个例句分别只出现「小沢昭一の小沢昭一的こころ」和「CO・CO・LO的こころ」两种用法,前者是电视节目的名称,后者是报纸专栏的名称,表中的「今日」一词也是如此,它也是《每日新闻的》专栏。

(13) TBS系ラジオ「小沢昭一の小沢昭一的こころ」は超ロングラン番組。980501
(14) [CO・CO・LO的こころ]前世は日本人だったんじゃないかな。961016
(15) コンピューター文化批評コラム「電脳文化的今日」も隔週月曜に登場。960322

　上述例句说明表3的「的B」中的排他性高频度后续词,大部分是作为固定词组来使用的,这些词组往往非常专业化,或者只用于特殊场合,如例(11)至(13)。作为专用术语使用时一般在意义上具有相对应的名词,如例(12)的「投機的等級—投資適格等級」等,值

・165・

得注意的是后者往往不是"的结构"，而是仅由名词构成的固定词组，从这种对应关系中可知这些排他性强的「A 的」性质已经接近一般的名词固定词组。

在「投資適格等級」这个经济学术语中，「投機的等級」在意义上与「投資適格等級」相对应，说明「投機的」的构词能力已经接近这个水平，但是「投機」本身还没完全达到与「等級」直接相接的程度，单独构成「投機等級」在目前还不符合一般的构词习惯。可见「AB」与「A 的 B」之间仍有一定的差异。与「政治信念」不同，「投機的等級」不能改成「投機等級」，因为「投機等級」本来在意义上互不相干，没有直接的关联，所以必须用「A 的」来强制地建立起一种关联。

与用「的 B」强制建立关联相比，「的な B」则是用一种自由松散的结合关系。用人名构成"的结构"可以对了解两者差异提供有力的线索。比如，既有(13)这样的「小沢昭一のこころ」构成的专用术语，也有以下(16)(17)这样的自由修饰关系。

(16) これは<u>村上春樹的な「優しさ」</u>へのアンチテーゼで、村上龍氏の後輩という印象です。981210
(17) 2年ぐらい前から、ピチピチTシャツにシースルーみたいな、<u>武田真治的な格好</u>をする男の子が出てきた。960827

与「小沢昭一のこころ」不同，其中的「村上春樹的な優しさ」只是一种临时的修饰语，他与「素朴な優しさ」「温かい優しさ」在本质上是完全相同的，可以与 B 自由结合，这可以从以下的「A のな」与其他形容词并列使用的实例中得到证实；在(18)中，「現実的な」「醜い」完全对等，两个词位置可以互换，而由于「A 的」与后接名词关联密切，中间不可插入其他成分，所以没有发现「大人たちの現実的、醜い姿」这样的例句。

(18) 大人たちの現実的な、醜い姿がこれほど明らかになった現代社会において…970829

以上分析可以归纳如下：

(C) 对 B 而言，当 A 只是诸多任意修饰关系中的一种时，可以借助「A 的な B」的形式构成一个自由结合的名词词组。

(D) 对 B 而言，当 A 在意义上与他在通常情况下没有直接关联时，可以借助「A 的 B」形式构成一个强制性的名词词组。

当然，上述关系只有在典型的排他性的场合下才会被明确地观察到，对实际存在的大量的「政治的信念」「政治的な信念」等可以互换的用例，这种解释未必十分有效，不过可以认为在可以互换的场合下，人们也可能无意识地受 (C)(D) 的支配，而区别对待上述表达。

通过上述分析，可以预测就构词紧密程度而言三者实际上是一个连续的整体，他们的关系为：

「AB」→「A 的 B」→「A 的な B」

比如，「政治信念」这样的「AB」结构，由于前后两名词间在意义上的相关性，不借助任何形式就可以直接组合，这种意义上的相关性久而久之，甚至可以生成新的名词，如「団体交渉→団交」，而「A 的 B」必须靠「A 的 B」来维系这个词组的成立，「A 的な B」则是一种松散的修饰关系。

4.「AB」与「A 的 B」

以上从排他性的例子观察了三者的关系，但这种观察是基于典型的排他性用例，而实际用例大部分都是可以互换的，而这种互换如果逐一观察可以发现每个名词都不尽相同，表 4 显示的是部分例子。

表4　同一名词与「A 的」和「A 的な」接续前 10 位高频度名词

	学習	世界	方法	人権	政治	発言	負担	知識	対話	見方
A 的 B	53	92	62	222	68	94	158	107	478	32
A 的な B	197	155	184	21	173	144	80	125	51	315

在表 4 中,有的名词在接「A 的 B」或「A 的な B」时基本上是对等的,如「専門的知識」和「初歩的な知識」这样的用法各占一半,也有的是「A 的 B」或「A 的な B」的某一方占优势,如表 4 阴影部分的「見方」「学習」是「A 的な B」用例占了优势,「負担」「対話」则是「A 的 B」用例占了优势。如果上述(19)连续性可以成立,那么可以据此推断出「A 的 B」频度高的更容易构成「AB」,因此与名词构成固定词组的几率会更高,而「A 的な B」由于结构松散,与名词直接构成「AB」,的几率应该很低。

实际检索结果反映了上述差异,比如「A 的 B」与「A 的な B」比例之比差别较大的有「見方」和「対話」,前者没有检索到和「見方」组合的词,而「対話」的用例却达 1 599 例,140 种,主要用例有「南北対話」「直接対話」「安保対話」「政治対話」「安全保障対話」[①],由此可以看出,当「A 的 B」的使用频度明显高于「A 的な B」时,它构成「AB」的可能性更高,反之亦然。

另举一组「A 的」与「A 的な」差异相对较小的例子,如「学習」的检索结果为用例共 1 399 句,196 种,使用频度最高的前 5 位为「生涯学習」「体験学習」「総合学習」「日本語学習」「環境学習」。「負担」的检索结果为用例共 6 645 句,352 种,使用频度最高的前 5 位为「追加負担」「国民負担」「自己負担」「税負担」「患者負担」。

由此可以看出一种倾向,「A 的」对「A 的な」比例越高的名词,

---

① 之所以没以差异更大的「人権」为例,是因为「人権」更多用于「人権委員会」这样的专用名词。

构成「AB」的概率就越高,这从表5可以看出。

表5 「A的B」「A的なB」比例与「AB」结构的相关关系

	見方	対話	学習	負担
「AB」检索总数	0	140	196	352
「A的B」「A的なB」比例(%)	10.1:89.9	11.9:88.1	21.1:78.8	33.6:66.4

根据表5,如果按照固定词组构成力的强弱排序,则应该是「負担」→「学習」→「対話」→「見方」,因此可以得出以下结论:

(E)「A的」对「A的な」比例越高的名词,构成「AB」的概率就越高。

5. 结语

通过对大量语料的检索与观察分析,可以得出(A)(B)(C)(D)(E)的结论,即「A的な」的用例无论是总数还是可接续名词范围都要大于「A的」,而两者能否互换主要取决于后续词的性质;「A的なB」的形式可以构成一个自由结合的名词词组,而「A的B」形式只是介入两个意义上相互没有直接关系的名词构成一个强制性的名词词组;「A的」对「A的な」比例越高的名词,构成「AB」的概率就越高。

上述结论也反映出「AB」「A的B」「A的なB」可以作为一个连续的事实来看待,它们之间具有一定的连续性,按照构词功能强弱排名依次为「AB」→「A的B」→「A的なB」,后两者之间的互换与否主要取决于后接名词的性质。

但是,上述研究的结论目前尚有一定的局限性,这是因为三者之间的关系对排他性的后续词是观察而得到的,对排他性的用法有

较大的说服力,而对可以互换的用例,如「政治的信念」和「政治的な信念」之间的区别,目前缺乏有效的解释的手段。

　　本文的研究从表 2 至表 5 都是以 B 作为中心展开的,因为在「AB」结构中,B 是中心词,文章主要讨论了在于「的」的关联上,什么样的 A 以何种形式可以与 B 结合。作为本次研究的副产品,仅「学习」「负担」的「AB」结构就达 8 000 多例,为今后对「AB」结果之间意义关系留下了研究空间,比如高频度的「在宅学習」A 表示方式,「英語学習」A 表示客体,「個人学習」表示主体等,同时对「基礎学習」和「基礎的学習」深入观察或许有利于本课题的进一步深入。

参考文献

　　藤居信雄：1961,「的の意味」『言語生活』p. 119。

　　山田巖：1961,「発生期における的という言葉」『言語生活』p. 120。

　　遠藤織江：1984,「接尾辞『的』の意味と用法」『日本語教育』p. 53。

　　阪倉篤義：1986,「接辞とは」『日本語学』3 月号。

　　原由起子：1986,「〜的——中国語との比較から——」『日本語学』5 月号。

　　玉村文郎：1988,「複合語の意味」『日本語学』5 月号。

　　寺村秀夫：1991,『日本語のシンタクスと意味Ⅲ』くろしお出版。

　　堀口和吉：1992,「助詞『的』の受容」『山辺道』p. 36。

　　王淑琴：2000,「接尾辞『的』の意味と『的』がつく語基との関係について——名詞修飾の場合——」『日本語教育』104 号。

接辞和副词兼类的ヨリ

1.0 序言

本文所涉及的ヨリ是指「よりよい人生」和「よりよく生きる」中的ヨリ,一般大中型国语辞典上都作为副词来处理。据《日本语教育事典》解释,副词是单词的一种,单独构成文节,主要修饰用言,分为情态副词,程度副词和陈述副词的三种[①]。工藤(1983)把ヨリ作为表示比较的程度副词置于イチバン等副词之后[②]。ヨリ虽然在修饰用言,表示程度这一点上与副词有相似之处,但它与一般的副词还是有所不同。在同一《事典》的"比较的表现"一处提及ヨリ时称"有时置于形容词和副词之前用作副词,表示'もっと'之意"[③],可见并没有将它和副词完全等同对待。

《事典》中对ヨリ的解释,虽然注意到了它和副词间的差异,但对ヨリ把握是非常肤浅,实际上ヨリ的接续不限于形容词和副词,它的实际用法远比想象的要复杂得多。本文从三年的《每日新闻》中抽取含上述ヨリ的例句共 2 347 句,对其进行了分析统计,结果表明ヨリ的接续范围涉及面很广,与迄今为止的光凭内省对ヨリ的认识相去甚远,其中还包含了不少的现行的语法体系中未曾涉及的表达方法。

《日本国语大辞典》认为,此处的ヨリ为副词,源于格助词表示

[①] 同事典 p.140,大修馆,1982 年版,森田良行。
[②] 工藤(1983),p.178。
[③] 同事典 p.209,生田目弥寿。

比较基准的用法,因翻译欧文而开始在日本使用,指出了副词与格助词之间的关系,但是如下例句所示,两个ヨリ先后同时出现,从句中可以看出它们已经是各自独立的语言成分。

(1) そういう問いより、より根本的な一つの問いがある。(梅原猛「日常の思想」)

2.0 ヨリ的接续范围

本次检索设ヨリ为关键词,抽取后续的任意单词,共得 2 347 句,并用数据库软件进行处理归类,类似「より親しみやすい雰囲気」「より今年風の着こなし」等例子分别按形容词和形容动词来处理,「より多くの」「より近くの」这样的表达分别按形容词处理。处理结果显示ヨリ接续范围如表 1。

表 1　ヨリ后续词的词类及频度

品詞	頻度	1	2	3	4	5	6
形容詞	933	よい	多い	厳しい	高い	深い	広い
形容動詞	831	安全	具体的	効果的	効率的	正確	高度
動詞	377	充実した	安定した	踏み込んだ	開かれた	優れた	魅力のある
名詞	87	以上	高性能	低金利	上	多数	大容量化
連体詞	66	大きな	小さな	魅力ある	ゆとりある	内容ある	即効性ある
副詞	53	いっそう	はっきり	堂々と	いきいきと	たくさん	しっかり

表1采纳了目前常用的词类分类法,表中的频度指ヨリ接该词类的总和,所举的用例都是使用频度最高的前6位,可以看出,ヨリ主要是接在形容词形容动词和动词之前[①]。

表1列出的都是ヨリ后续单纯词的用例,以下由用言构成的词组用例由于使用频度较低,所以未能反映在表中,举数例以供参考。

(2) 女性を中心に、より条件の良い雇用先を求める「自発」組が多かった。980218
(3) より消費者に便利な体制を組むことも考えています。970522
(4) 円借款まで進めた場合、より国際社会に背を向けた結果になる。960609

从表1可以看出ヨリ的接续涉及6类词,其中的形容词和形容动词就占了所有例句的75%,说明ヨリ基本上是置于表示性质状态的形容词和形容动词之前表示程度的,在修饰用言表示程度这点上,与程度副词有共同之处。对ヨリ的观察表明,它虽然也可以接形容词形容动词以外的词类,但是这些词要受到很大的制约。以下,按照表1的顺序对各类词与ヨリ的接续逐一作一观察分析。

3.1　ヨリ与形容词形容动词

如表1所示,ヨリ接续对象大部分都是单一的形容词或是形容动词,依附于这些词构成一个合成词,表示程度,如「よりよい生活」,「より豊かになること」。此时,ヨリ的词性的就比较简单,只

---

① 表1中并列第一的词实际使用频度差异很大,如「よりよい」共有220例,而「より以上」只有4例。

要归入接辞(即汉语中所说的前缀)即可①,与「どえらい」「真っ白だ」相似,他们和后续词构成一个派生词,不改变原有词性,只赋予一定的意义。一般在句中修饰体言,少量的也修饰用言。在本次调查中,以「よりよい」为例,修饰体言的为 182 例,修饰用言的为 38 例,后者大部分是「よりよく生きることを求める」这样的最终修饰体言的用例,只有少数是「よりよくわかる」这样修饰谓语的用例,至于直接修饰谓语的就更少了,在本次调查中只检索到 2 例,而且它们都属形容词形容动词,如(5)(6)。

(5) 白 52 は危険、黒 55 は 59 のほうが、より厳しかった。980629
(6) 矛先が幼い子どもを失った遺族にも向けられ、より深刻だったといえる。971015

ヨリ在(5)(6)中,由于直接修饰作为谓语的用言,只能单独作为副词来处理。与结构相近的「どえらい」相比,似乎「より厳しい」的结合相对比较松散,而不太可能找到作为谓语的「どえらかった」的用例②。可见接辞对后续形容词形容动词具有很大的约束作用,限制了后续词作为谓语的用法。相对而言,ヨリ对后续词的约束力较小,结构松散,留下了作为副词来解释的可能性。

根据以上观察,在「よりよい生活」和「より国際化する日本」中,两者都与形容词动词结合修饰名词,本文称其为ヨリ的接辞用法③,在「より厳しかった」和「よりリアル感が出る」中,ヨリ直接修饰作为谓语的形容词动词,本文称其位ヨリ的副词用法。

---

① 迄今为止的有关接辞的研究中,不包含ヨリ,如山下(1994)。
② 笔者对以小说剧本为主的另一个语料库(字数 4 000 万)检索后未曾发现相关例句。
③ ヨリ的接辞用法不包括(2)(3)(4)这样的用例。

按照这个分类,以下例句中ヨリ应该属于接辞用法,但是它和副词モット并列使用,说明两者在修饰后续用言表示程度这一点上是相同的,ヨリ在具备接辞的同时,在某种场合下同时又具有副词的特点。

(7) より多くの消費、<u>もっと</u>よい生活をしたいと皆が思うと…970313

尽管如此,ヨリ与一般的副词还是有所不同,モット比ヨリ具有更大的自由度,副词与被修饰词的语序比较自由,关系相对独立。在(8)中モット可以与被修饰词互换位置,在(9)中モット可以省略动词单独使用,这些都是ヨリ所望尘莫及的。所以ヨリ本质上还是接辞,(5)(6)中ヨリ的副词用法只是接辞用法的延伸,对后续的形容词的结合还是很紧密,与一般的副词仍不可完全相同对待。工藤(1983)把ヨリ置于程度副词的最后,或许也是基于这种考虑。

(8) 「歩きましょう、<u>もっと</u>。」(松本清張「波の塔」)
(9) 「私をその気にさせるような話を、もっと。」(吉村達也「ふたご」)

3.2 ヨリ与动词

动词一般不接受程度副词的修饰,只有少量的表示性质状态的词是例外[1]。迄今为止对这类动词只注意到了其中的部分动词[2],如「そびえる」「優れる」「おもだつ」,这些动词一般在修饰名词时只能

---

[1] 据仁田(2004)称接受副词修饰的只限「程度性を有する状態動詞、非限界変化動詞、心的活動動詞、態度の現れに関する動きを表す動詞」。
[2] 参见金田一(1976)p.10。

• 175 •

用「優れた」这样的形态。以下动词虽然不是专用于表示状态性质的动词,却和「優れた」具有相同的性质,比如:

(10) 子供たちに、より充実した教育を行うためにも…960531
(11) より進んだ次元の交流を実現する。981009

表1中的「優れる」这样的动词在动词中是很特殊的一类,失去了许多作为动词应有的某些语法范畴,更接近于形容词,比如不能说表示意志的「優れるつもりだ」。但「優れる」只是形容词型动词的一部分,更多的动词则是在具备一般动词所有语法范畴的同时还兼有表示性质状态的作用,这些动词可接ヨリ构成「より進んだ次元」,也可作为一般动词表示意志,如「大学に進むつもりだ」。「より優れた計画」和「より進んだ次元」这样的专用的和兼用的动词占了表1中动词用法的大部分,在与动词结合并修饰名词这个意义上,其中的ヨリ仍是接辞用法。

值得关注的是表示性质状态以外的动词,这些动词由于自身的意义,他们可以接受程度副词修饰,所以他们也可以接受ヨリ的修饰,如(12)中的「楽しむ」,这个动词在表示性质状态的同时可以表示动作特性,(13)中ヨリ修饰一个动词词组,「踏まえる」在其他场合可以用作动作动词。

(12) クルマとともにある生活を豊かにし、より楽しむ方向に進化させたという。980612
(13) 冷戦期が終わり日本の対外政策も、より自国の利益を踏まえたものになりつつある。970513

例(12)中,ヨリ和动词构成一个整体修饰名词,它还带有接辞的性质,而在(13)中,由于中间插入了其他成分,与接辞直接接后续

词的特征背离,至于以下例(14)(15),离接辞相去更远,可见虽然两者程度不同,都已经不是单纯意义上的接辞了。

  (14) 本を見ながら番組を聞けば、より<u>楽しめる</u>。961220
  (15) 生きることをいかに楽しむべきか知り、より仕事も<u>充実した</u>。970624

  (14)中的ヨリ单独修饰谓语,参照(5)(6)可以认为是副词用法,(15)中的ヨリ在修饰谓语和中间插入其他成分,相比(12)(13)更加接近副词。
  同为「充実する」,(10)与(15)的区别在于:前者只作为连体修饰语用,而后者是用作谓语。前者与「優れる」一样受到诸多的限制,如改成「より充実していた教育」就不是表示状态性质的动词了。这种以固定的形式修饰体言的方式,与连体词有相通之处,而后者更接近副词。
  尽管存在(12)至(15)这样的用例,ヨリ总体而言,即使是在接动词时还是以接辞用法占优势。表2列举了动词中使用频度最高的动词,总共104个用例中,接辞用法占了63例。其中频度最高的是「ある」[①],表2中前3位动词都是以接辞用法为主的,以下举「ある」的接辞用法和副词用法各1例。

  (16) 論戦を通じて、より<u>実効性のある</u>法律に仕上げてほしい。980212
  (17) 国側の姿勢に、より<u>問題がある</u>のではないだろうか。960512

---

 ① 「ある」的括弧中18表示作为接辞用法共18例,由此可以推算出它的副词用法仅为3例。

表 2　ヨリ后续高频度动词比较

ある	充実する	安定する	持つ	高める	踏み込む	求める	開く	優れる	広がる
21(18)	14(12)	12(11)	10(0)	9(0)	9(9)	8(0)	8(7)	7(6)	6(0)

表2的动词可以分为两类，一类是ヨリ的接辞用法占优势的动词，如「充実する」，另一类是副词用法占优势的动词，如「持つ」，后者的动词几乎不含接辞用法，那么，性质迥异的两类动词为何都接受于ヨリ修饰呢。以下就副词用法的动词作一分析。

首先，「持つ」用法最多，这个动词的用法如下：

(18)「作者の素顔を知ることで、より親しみを持ってもらえれば」と担当者。970808

如果单独地观察，「持つ」确实是一个动作动词，而对比其他的含有「親しみ」或相关的例句就会发现「持つ」只或起到所谓的机能词的作用[①]，即由名词来表示意义，而动词只起语法作用，当它和「親しみ」构成一个词组时，与仁田(2004)中指出的「心的活動動詞」相同。正因为如此只要核心部分的名词相同，不同动词构成的词组，意义却是接近的，如(19)(20)(21)。判断一个动词词组是否属于动作动词，可以后续「つもり」来检验，很显然，这三例都不可以接「つもり」，而在「将来家を持つつもりだ」这样的例句中，动词是用来表示动作的。以上事实证实了「持つ」在不同场合下性质不同，此处的「持つ」是机能动词。「ある」和「持つ」虽然在意义上属不同范畴的动词，但是在上述动词词组中由于动词只起语法作用，所以他们的

---

① 关于机能动词，参见村木(1991)，p.203。

性质是相同的,都可以接受ヨリ的修饰。

(19) 名句を鑑賞することで、より親しみが<u>わいてくる</u>。970710
(20) 男児、女児とも同性の家族に、より親しみを<u>覚える</u>ようだ。970121
(21) 「彼の生涯を知ることで、より親しみを<u>感じる</u>のでは…」と担当者。960906

以下动词「高める」内部含有表示性质状态之义,「求める」则是表示客观需求,在意义上与「より必要だ」相似,而客观需求属于性质状态表达的一种,他们都可以接受副词修饰,如(22)(23),因此他们都可以接受ヨリ的修饰。

(22) 彼は微笑してすこし声を<u>高めた</u>。(開高健「パニック」)
(23) いっそう慎重な検討が<u>求められる</u>。960201
(24) 競技の緊迫感をより<u>高める</u>。980123
(25) 情報の公開が、個人には自己責任が、より<u>求められる</u>。980510

综合以上分析,可以看出ヨリ在接动词时,只要动词词组中含有表示性质状态的要素,大部分是属于接辞用法,只有少量副词用法,有些则介于两者之间。

3.3 ヨリ与名词

一般而言,名词大部分不能接受副词的修饰,但是名词中一些方位词可以接受副词修饰,在这次调查中也观察到了这些词,如「より上のポスト」「より南でもよい」等。本次调查还观察到了名词与

形容动词界限不甚分明的「健康」「自由」等词,但是本次调查只发现了「より健康な環境」「より自由な表現」,而没有发现「より健康の環境」「より自由の表現」的用法,这可能与「自由な」「健康な」比较「自由の」「健康の」更具表达性质状态的功能有关。

(26) 漢詩を書くだけのものでなく、精神性の高い、より自由なものだということを理解している。980623

此外发现了大量由形容词词干构成的复合名词,如「高(性能)」「低(金利)」「多(方面)」「少(額)」「大(容量)」「小(規模)」,这些表示状态的要素的存在,赋予了名词以表示状态性质的特征,一定程度上获得了形容词的特性。不过,由于受语料库规模限制,检索所得例句数量有限,还不足以对上述复合名词做一全面调查。这些复合词介于名词和形容词之间不很稳定,比如,本次检索结果中,含「高性能」的 3 句例句中有 2 句用了ノ,而只有 1 句用了ナ,如:

(27)「新型で、より高性能の核兵器開発が意図されている」970628
(28) より高性能な機能部品や精密部品を開拓していけば…980326

表 1 中的名词「以上」的用法比较特殊,其他的后续词一般都是以连体用法为主,而本次没有检索到连体用法的例句,笔者只是在小说语料库中检索到了若干连体用法的句子,意义与「それ以上」相当,试看下例。

(29) 今の一般生活水準で我慢し、より以上に欲しいと思う物を辛抱することは可能だと思う。960308

(30) それをしなかったのは花子よりも、山の方により以上の魅力を感じていたからであろうか。(新田次郎「孤高の人」)

3.4　ヨリ与连体词副词

连体词一般认为是单独修饰体言,不具备其他用法的词,典型的例子有「いわゆる」「ある」「こんな」「わが」「あの」等①。一般连体词只能和其他修饰成分并列修饰名词,而「大きな」在以下例句中它却可以接受ヨリ的修饰。

(31)「地をはって前進し、より<u>大きな</u>政治家を目指す」と支援者に訴えた。961008

其他的连体词,都不具备(31)的这种特性,有的例句中「大きな」还有自己的主语,试看以下例句。

(32) 将来的には、<u>より排気量の大きな</u>エンジンも生産したい考えだ。960523

「大きな」这样既可接受ヨリ修饰,又可以有自己的主语,其性质已接近(33),虽然这是个别的例句,却对连体词的定义和范围提出了新的挑战②。

(33) <u>より規模の大きい</u>太平洋と大西洋をつなぐ新運河。960710

---

① 参见《日本語教育事典》p.141,森田良行。
② 松原(2009)认为连体词只具修饰名词功能,原则上不接受其他词修饰。

此外本次检索结果中检索到了大量以「～ある」形式构成的词组,比如「責任ある態度」「勇気ある挑戦」「価値ある情報」「ゆとりある生活」「迫力ある文章」等,这类词组大量存在[①],只是由于以往缺乏有效的观察手段而被忽视,没有引起必要的注意,这些词在语法体系中的归属以及「魅力あるもの」和「魅力のあるもの」之间的差异,是今后研究的一个相关课题。

最后是副词,副词中部分副词可以接受其他副词的修饰,如「いっそう」与「はっきり」就是这样的副词,以「いっそう」为例,有「さらにいっそう」「なおいっそう」「もういっそう」「よりいっそう」等,他们可以修饰体言,亦可修饰用言,试看以下例句。

(34)「教師として、より一層の責任と自覚を持ってもらう」960303
(35) 日本の学校教育の宿病が、よりはっきり出たと見るべきだろう。971001

ヨリ接副词时,与后续词的关系就取决于这个副词,而イッソウ大都修饰用言,因此此时的ヨリ更接近副词。

4.0 结语

综上所述,ヨリ主要接在形容词形容动词,同时也接少量的接动词名词连体词和副词,前者大部分与后续词构成复合词共同修饰体言,本文中称之为ヨリ的接辞用法,也有少量用例是ヨリ接各类词起程度修饰作用,本文中称ヨリ的副词用法,两者的区别在于ヨリ是否直接参与修饰谓语。无论是接辞用法还是副词用法,与一般

---

① 从同一语料库检索结果为约 4 000 例,400 种,而「あらゆる」「いわゆる」两者之和也不过 4 700 例,关于这类连体词,情参照许慈惠(2008)。

的接辞副词仍有所不同。

　　本调查对ヨリ作了一个比较全面的调查,调查结果对现行的语法体系提出了一些新的问题。比如连体词「大きな」的属性问题,又如大量使用的「魅力ある」这样的由「ある」构成的专用于修饰体言的词组的归属问题,「魅力のある」与「魅力ある」之间的异同问题,部分动作动词在某些词组中的机能词化问题,这些问题在对现有的语法体系提出挑战的同时,也提供了崭新的思路。

　　由于使用的语料库只有2亿字,规模还不够大,而且报刊的文体有一定的倾向性,未必能够十分全面地再现ヨリ,但是在观察分析ヨリ的实际使用状况并发现了与ヨリ相关的诸多新的语言现象这点上,使用语料库对ヨリ的观察和分析还是有所收获的。

　　利用语料库对语言进行处理的一个长处,就是可以通过对某个关键词的观察,发现许多与此相关的分布在其周围的语言事实,而这些事实如果不借助语料库,它们是以零乱的,互不相关的,甚至是以互为排斥的方式存在的。由于篇幅关系本文只举了动词为例,比如「(親しみを)持つ」「(親しみが)湧く」和「(親しみが)ある」中的动词,确实这三个动词在语法上的分类可能各不相同,但是当他们处于特定的词组中时,就处于一种相互关联之中,揭示了他们作为动词的另一面。以往的语法往往将语言事实与使用的环境割裂开来对待,而从上述现象可以看出这种研究方法的局限性正在日益显见,今后在观察某个语言现象时如何把观察的范围扩展到一些相关的领域,更好地将意义导入语法研究,将是一个新的课题。

　　在本文中,不仅是动词,形容词和其他词类都可以聚集在ヨリ之下,不再是相互割裂单独存在的事实,他们在可以接受程度副词修饰,表示性质状态这一点上,都是相通的。这种借助语料库对语言事实的观察分析,拓宽了研究的视野,对完善语法体系的描述提供了强有力事实依据,是一个今后可以大展身手的新的研究

领域。

参考文献

金田一春彦:1976,『日本語動詞のアスペクト』[M],むぎ書房。

工藤浩:1983,「程度副詞をめぐって」渡辺実編『副用語の研究』,明治書院。

山下喜代:1994,「接辞分類表の作成」[D]早稲田大学『講座日本語教育』,第 29 分冊。

村木新次郎:1991,『日本語動詞の諸相』[M],ひつじ書房。

仁田義雄:2004,『副詞的表現の諸相』[M],くろしお出版。

松原幸子:2009,「日本語の連体詞は少ないか」[J],『国文学の解釈と鑑賞』,至文堂 74—77。

许慈惠:2008,「名+ある+名」结构的特征及其他[J],《日语学习与研究》3。

日语语料库例句词典编撰构想

1. 序言

对日语学习者而言,教科书和词典具有重要的意义,有关前者最近各类优秀教材层出不穷,但是后者至今未见可圈可点之作。究其原因,国内的"日汉双语词典大多是按选定的蓝本进行逐词逐义项的翻译[①]",而且"只是一味参照日本版的国语辞典,没有一个明确的指导思想[②]",因此"靠这种方法编写出来的词典大都不会符合我国日语学习者的实际需要[③]"。笔者认为最主要的问题是日本的国语词典不是为外国人编写的,没有考虑到外国学习者的要求,因此即使忠实地将它编译成日汉词典也不能满足国内日语学习者的需要。

随着语料库的普及,其应用正在深入到语言研究和实践的各个领域,它可以向我们展示仅靠内省无法了解的语言事实和海量的可供选择的例句,这对辞典编撰起的作用无疑是革命性的,它为摆脱对日本国语词典的依赖,直接编写外文词典开辟了广阔的天地。对此,日本学者也认为"语料库的存在对编写非母语的词典将成为有力的帮手[④]",国内学者在论及语料库应用研究时也把词典编撰列为

---

① 尹学义(2001:7)。
② 潘均(2004:24)。
③ 王锐(2001:59)。
④ 井上永幸(2003:25)原文为"コーパスの存在は非母語を扱う辞書編集者にとって強い味方となる。"

首位①。

软硬件条件的成熟和研究的不断深入使得这种尝试成为可能,在日本,利用语料库编写的英日词典《THE WISDOM ENGLINSH-JAPANESE DICTIONARY》,收词 88 000 条,已经出到第 2 版②,该词典的义项以使用频度排序,比如英语"press"不再将"按、挤、压"作为头条义项,而把"报刊、出版机构"置于首位。在日本用英语语料库编写词典已获成功,在国内用日语语料库编写词典也应该提上议事日程。

本文的目的在于利用现有的软硬件条件,以动词为例,探讨用语料库编写小型例句词典理论和方法,并将编写词典的实例展示给读者,以引起日语界同仁的兴趣和关注,为今后共同编撰语料库词典创造条件。

2. 编写步骤

本次实践的过程为:1. 首先决定语料库和词典的规模;2. 挑选作为样本的动词;3. 从语料库中抽取动词并对结果进行统计分析;4. 参照现有的日本小型词典决定和调整义项;5. 根据词频统计安排义项的顺序及挑选最佳例句。

作为利用语料库编写词典的初次尝试,本文把编写的词典规模设定在对初学者最为迫切需要的小型动词例句词典,以动词「きれる」为词条。本次用于调查的语料库,取自笔者以小说随笔和剧本为主的语料库中的 1945 年至 2006 年部分(以下简称《小说》),共 3 800 万字。为了保证检索结果的可信性,作为补充材料从日本的报刊《每日新闻》中截取了 1998 年后半年的全部内容(以下简称《新闻》),规模大致与《小说》相同,为 3 800 万字,两者皆为文本语料库。

---

① 施建军、徐一平(2003:7)。
② 井上永幸、赤野一郎编(2008),三省堂,详见 http://wisdom.dual-d.net/we_corpus.html

表1 使用频度最高的45个名词

序号	抽出语	小说	报刊	合计
01	電話	148	5	153
02	○	17	100	117
03	糸	40	20	60
04	縁	47	5	52
05	息	39	5	44
06	期限	9	34	43
07	頭	38	1	39
08	任期	1	32	33
09	相手	27		27
10	契約	3	19	22
11	雲	18	1	19
12	手	15	2	17
13	ロープ	5	10	15
14	唇	13	2	15
15	電池	12	2	14
16	鼻緒	13	1	14
17	ワイヤ		13	13
18	足	2	9	11
19	集中力		10	10
20	電源	5	5	10
21	緒	9		9
22	紐	9		9
23	ナイフ	6	2	8
24	電線	4	4	8
25	架線	3	5	8
26	油	8		8
27	スタート		8	8
28	通話	5	3	8
29	関係	5	3	8
30	鎖	8		8
31	ピザ	6	2	8
32	林	7		7
33	保険	3	4	7
34	テープ	7		7
35	声	7		7
36	言葉	6	1	7
37	方向	6		6
38	話	5	1	6
39	弦	6		6
40	スイッチ	5	1	6
41	DNA	6		6
42	時間	4	2	6
43	電球	5	1	6
44	ガソリン	4	1	5
45	煙草	5		5

本次检索的关键词设定为「切れ、きれ、キレ」，排除了「縁を切れずにいる」这样的动词「きる」的可能态，同时还排除了「乗り切れる」这样的复合动词以及「逆切れ」「切れ味」这样的复合名词，最终从语料库中抽取基本动词用例 1 384 条[①]，对抽取的例句分别人工填入与之搭配的名词。然后将抽取的名词按照使用频度进行排序，可直观地观察到实际的使用状况，由于篇幅有限仅列出前 45 位，共 905 句，占总数的 65%。

动词「きれる」一般与格助词「が」搭配使用，如上表中 01 的「電話が切れる」；也有用格助词「に」的，如 37 的「道を左にきれる」；还有用格助词「と」的，如 09 的「男と切れる」。本次还检索到部分无需名词共同使用的，如 02 的「今の若者はキレやすい」这样的用例，「〇」表示零价动词。此外，由于部分例句从前后文无法判断词义或属围棋术语，因此没有收入表 1[②]。

3. 国语词典义项的调查和设计

本文在设计义项时采取了先借鉴日本的 1990 年代出版的小型国语词典，对其进行必要取舍的做法。本次用于借鉴的词典如下：
（Ⅰ）三省堂現代国語辞典　（1990）三省堂，简称《现代》。（正文 1348 页）
（Ⅱ）例解新国語辞典第四版　（1993）三省堂，简称《例解》。(1078 页)
（Ⅲ）新選国語辞典第七版　（1996）小学館，简称《新选》。(1274 页)

---

　① 实际共检索得 4 108 句，其中基本动词 1 384 句，复合动词 2 634 句，后者是前者的两倍。
　② 表1反映了《小说》和《新闻》搭配名词的不同倾向，如 02 的用法始于 90 年代，而《新闻》正取之该年代，所以例句大大多于《小说》。

(Ⅳ)新明解国語辞典第五版　(2001)三省堂,简称《新明解》。(1519页)

以上各种辞典义项的数目不尽相同,最少的是《新明解》,为5项,最多的是《现代》多达20项,释义也各有特色,没有国内日汉辞典那种似曾相识的感觉。此外除了《新明解》外,都把"连续性的事物中途断开"作为基本义,可见同为中型词典义项的设定和解释可谓粗细不均。

国语辞典中的义项设计及释义,很大程度上受辞典的编辑方针、编撰者自身成长的语言环境、所受教育程度和交际范围的不同以及语言观的影响,因此各词典的义项的数目和释义的不同在所难免。这种随意性虽然反映了日本的词典编纂者保持了自己的个性,少有互相抄袭,但如果就词典应该将语言事实如实地再现给读者这一点而言,这种随意性显然是不足取的,同样,如果将其中一本作为蓝本机械地编译成日汉词典其弊端也是显而易见的。

与此相反,利用数据库检索得到的数据就比较客观公正地反映语言使用的现状,假设本次使用的语料库大致涵盖和反映了「きれる」的基本用法,那么就可以克服上述传统国语词典的弊病。考虑到本次的规模设定在小型例句词典,不得不舍弃个别冷僻用法。本文将4种辞典中同一义项有2种以上辞典涉及,并且在语料库检索结果中有一定使用频度的10种义项作为本词典的义项。

具体做法是先将4本辞典共同认定的基本义项设定为基本义项,然后将从语料库抽取的同一意义的用例分别纳入该义项之下,如果高频度用例中发现已有义项无法解释的例句,则另立一个新的义项,并将剩余的例句中相同意义的例句分别纳入该义项下,重复这个过程一直到所有的例句都可对号入座。对超过10项的部分例句,尽可能地纳入与之意义相近的现有的义项,并适当地扩充原有义项的释义范围,使之可以涵盖新的例句。比如,以下⑤中的「頭」

「男」就是对释义进行扩充后再纳入的该义项的。经过反复调整,最终设定 10 个义项,如表 2。

表 2 语料库词典的义项安排

	中 文 释 义	日 语 用 例
①	原来持续的事物或关系中断	電話、集中力、縁、男
②	原先保持的理智突然失控诉诸粗暴言行	最近の若者がキレやすい
③	原来线状的东西,受外力作用而断裂损坏	糸、ロープ、鼻緒、電球
④	届满到期而失效	期限、任期、契約、ビザ
⑤	刀具锐利引申为头脑敏锐能干	ナイフ、刃物、頭、切れる男
⑥	人或物移动后离开原有位置或方向	雲、林、町並み、廊下を横に切れる
⑦	人的身体的某个部分功能失常或受到外伤	息、手、唇、指
⑧	备品用尽,物品附着物或功能消失	電池、油、タバコ、水
⑨	他动词 kiru 的自动词用法	スタート、スイッチ、エアコン、首
⑩	构成复合动词表示程度,多用于否定	やりきれない、言い切れない

表 2 完全按照使用频度安排(除⑩的复合动词外)。由于检索所得的例句是客观存在的,除 4 种辞典中低频度用例由于受词典规模限制而割爱外,所有例句都纳入各自义项之下而不会发生遗漏,通过反复调整义项,所有的例句都可找到自己的归宿。在这点上大大优于传统的词典编撰。传统的词典编撰似乎是先设定义项再来自编例句,而语料库词典却是先有例句再来设定义项,确保了词典义项设定的客观性。比如以下容易被疏忽的例句在上述 4 种辞典中难以对号入座,而在表 2 则分别可以纳入①和⑥。

(1) こんなに簡単に男と切れて、良かった。(森瑶子「ベッドのおとぎばなし」)
(2) 林が切れ広い野に出た。(大岡昇平「野火」)

4. 语料库词典的编撰的原则及实践

至此,动词「きれる」的义项已定,只要将词典编撰的指导思想融入实际编写过程即可。关于理想的词典迄今为止著述颇多,玉村(1995)指出外国人用词典必须具备以下条件,它们分别是(a) 语义语感,(b) 汉字知识,(c) 搭配用词,(d) 与该词相关的知识,(e) 词形[①],但是日本学者提出的构想并不了解外国人的真正需求,更不可能根据国别来制定必要的条件,因此仍难免有隔靴搔痒之感。

笔者认为适用于国人用的日语词典,必须从音形义三个方面综合考虑并注重以下环节。

(a) 音即发音,在日语里具体表现为重音的标记,如表 3 的②。

(b) 形即外形,就是书写法,具体表现为汉字假名的书写法,在此有必要说明「きれる」用于表2②之义时多用"キレる",这点在表 3 种亦有交代。

语义是词典的关键所在,可以根据词典规模从词汇和语法两个方面提供相应的信息。此外,语言是文化的载体,有意识地挑选反映社会文化方面的例句更有助于将词典获得的知识用于实际生活,编写词典必须兼顾的具体要素如下:

(c) 词汇:近义词,反义词,搭配词,派生词。

(d) 语法:词形变化,肯定否定,时态,补助动词,助词助动词,敬体简体,修饰关系。

(e) 社会:风俗习惯,生活用语。

---

① 玉村文郎(1995:54)。

上述要素可以分散体现在含有该单词的一组具体的例句中。根据以上笔者关于语料库词典编写的构思,以表 2 为依据,从大量的例句中精选了文字简短且内容精彩的例句,对少数过长过于复杂的例句作了修改,义项的排序完全按照表 1 所显示的使用频度,最终试编成的动词「きれる」词条如下:

表 3　语料库词典实践示例

きれる【切れる・キレる】自動詞②
① 原来持续的事物或关系中断。
　　○「じゃまた」電話が切れた。/对方说了声再见,电话挂断了。
　　○ 彼女との縁が切れてしまった。/和她的缘分完了。
　　○ こんな男と切れてよかった。/幸好和这种男人分手了。
② 失去理智而发怒,多写作"キレる"。
　　○ いじめ、不登校、キレる子供が多い。/欺小,逃课和耍性子的孩子很多。
　　○ すぐにムカついたりキレたりする子どもたち。/动辄耍性子闹脾气的孩子们。
③ 线状的东西断开或损坏。
　　○ 切れた細い糸がようやくつながった。/断线总算接上了。
　　○ 便所の電球が切れている。/厕所的白炽灯坏了。
④ 届满到期而失效。
　　○ 賞味期限はすでに数日前に切れていた。/食品保质期几天前已经过了。
　　○ 今月でビザが切れる。/这个月签证要到期了。
⑤ 刀具锋利,引申为人聪明能干。
　　○ よく切れる庖丁ほど、さびやすい。/刀越快越容易生锈。
　　○ やり手で頭の切れる男。/能干而又思维敏捷的人。
⑥ 人或物移动后离开原有位置或方向。
　　○ 林が切れて広い野に出た。/走出树林来到旷野。
　　○ 車は突然右に切れて中央分離帯にぶつかった。/车突然右转撞上了中央隔离带。
⑦ 身体功能失常或受到外伤。
　　○ ちょっと階段を上がっただけで息が切れる。/一爬楼梯就气喘吁吁的。
　　○ 唇が切れて血がにじみ出た。/嘴唇破出血了。

续表

⑧ 备品或附着物告罄消失。
　○ タバコが切れたから買いに行った。/香烟抽完了去买烟了。
　○ 茶碗の水が切れてからしまっておく。/碗的水沥干后再放好。
⑨ 他动词「切る」的自动词用法或可能态。
　○ 行政改革のいいスタートがきれました。/行政改革有了一个良好的开端。
　○ これは、普通のナイフでは切れません。/这用一般的小刀割不断。
⑩ 构成复合动词，多用于否定。
　○ 地球はもう人間の活動に耐え切れない。/地球已经无法承受人类活动了。
　○ 量が多くて食べきれない。/量太多，吃不完。

表3较好地体现了(a)至(d)的笔者的构思。除了提供了音和形的必要说明外,「ムカついたりキレたり」「やり手で切れる男」提供了近义词的用法；「切れた糸がつながる」体现了两者的反义词关系；「息が切れる」「耐え切れない」显了肯定和否定的形态,「きれる包丁」「ビザが切れる」则显示了作为定语和谓语的用法；「このナイフでは切れません」「スタートが切れました」提供了敬体的表达方式。对学习者来说最难掌握的时态的表达也可以通过「電話が切れた」「電球が切れている」「期限が切れていた」等得到学习。此外选词尽量贴近生活,以弥补日语教材词汇的不足,比如「賞味期限」「ビザ」,细心的学习者还可能从「車は突然右に切れて中央分離帯にぶつかった」中了解到日本是靠左行车,「地球はもう人間の活動に耐え切れない」一句有助于唤起人们对环保的关注,而这一切都可以通过从大量的例句中精选例句直接应用或作为参考来加以实现,因此表3的例句具有代表性、实用性、趣味性和多样性。

学外语的人初查词典都有同一感受,就是查了词典,但是仍不会使用,这与词典只提供语言素材,不提供完整的信息和句子有关。这点对日本人不成问题,所以日本的国语词典举例往往非常简单。

然而,国内学习者需要的能够提供最低限度社会和语言信息的例句,这种例句必须包含(a)至(d)的各种信息,这样的词典才有助于学习者通过词典查阅做到能说会写,并大量减少错误的发生。

5. 语料库词典存在的问题

通过表3的实践,可见语料库词典具备排序公正,义项合理,查阅高效,紧扣生活,可读性强的优点,但是,语料库词典编撰也存在诸多亟待解决的问题。

首先,由于所有例句均来自语料库,除了语料库结构的合理性外,还必须保证语料库具有相当的规模,如果规模过小,一些低频度的例句就可能漏检。本文从1 384条基本动词例句中选取了表3的19条例句,也就是说大致从70条例句中选取1句,从表3的例句来看,这个比例已可满足编写小型词典的要求,但是如果要编写中大型的辞典,至少需要1亿字以上的规模才能保障辞典编写的质量,在国内目前尚无如此大规模的日语语料库。

其次是版权问题,使用现成的例句自然涉及版权问题,如果是报刊,与一家报刊交涉即可,但以小说为主的语料库牵涉到成千上万个作者,逐个取得这些作者的许可也许比编写词典本身还要费时。好在有日本学者指出对句子进行部分修改或许可规避版权问题[1],这可能是目前解决版权的唯一有效途径。

再则是以使用频度为排序的基准固然可以做到高效率的检索,但是同时也破坏了词汇本身内在的体系[2],本文设计的动词「きれる」由于高频度用法和基本意大致相同,这个问题尚不突出,文中涉及的

---

[1] 加藤安彦:(1998:44)原文为"用例の長さを調節して書き換えることがあれば、それによって著作権に触れなくなることもある。"
[2] 国広哲弥:(1995:44),原文为"…頻度準に並べるという建前になっている。これでは体系の記述はできない。"

英和词典中的"press"把"出版机构"作为头条,对于搞词汇研究的学者也许是难以接受。不过词汇学和词典学虽然密切相关,但各有侧重,不必强求一致。按使用频度排序仍不失为语料库辞典的一大特色。

最后是利用语料库编写词典工程艰巨,耗时长久。比如编写小型动词例句词典,设 2 500 个基本动词,每个动词平均 5 个义项,每个义项配 2 条例句,就需要 25 000 条例句,如果按照平均 80∶1 选取例句,就需要从 200 万条例句中筛选合适的例句才能满足词典编撰的需要,同时在目前阶段用计算机处理时还必须为所有的例句人工输入搭配名词和各种相关信息,可谓工程浩大。而且决定词典质量的还有每个动词的义项的设计,这个过程需要反复的比较和调整,去粗取精,单枪匹马耗时巨大,而集体作业有容易造成义项设计上的不均衡。

虽然语料库词典的编撰面临许多困难,但是这种词典的研制是大势所趋,语料库词典不仅可以摆脱对日本国语词典的依赖,满足国内学习者的需要,而且其质量甚至可以超越日本的国语词典,具有很高的学术价值,还可填补国内缺乏真正为中国人所用的日汉词典的空白,其意义之重大事不言而喻的。希望通过此文,引起国内同仁的关注,早日促成语料库词典编撰的实现[①]。

参考文献

尹学义:由一枝独秀到百花争妍——新中国的日汉双语辞书出

---

① 本文成于 2007 年,因故未发表,此后语料库的规模有所扩大。2009 年 10 月在《日语学习与研究杂志创刊三十周年暨日本文化国际研讨会》上有幸得以临时发表,与会学者有数人当场表示愿意加入编写队伍,他们的热情促成笔者将 PPT 整理成文,在此谨对《日语学习与研究》杂志社以及与会者表示诚挚的感谢。

版事业[A],日汉双语辞书编撰与日语教学文集[C],商务出版社,2001,p.5—p.11。

潘钧:日语的教育词典及其启示[J],日语学习与研究,2004,(1),p.20—p.24。

王锐:日汉词典编撰刍议[J],外语与外语教学,2001,(8),p.59—p.61。

施建军、徐一平:语料库与日语研究[J],日语学习与研究2003,(4),p.7—p.11。

戴宝玉:異なるコーパスによる出力結果の相違について[A],对译语料库的研制与应用研究[C],外语教学与研究出版社,2002,p.374—p.386。

井上永幸:辞書学のいま[J],月刊言語,2003,(5),p.24—p.29。

玉村文夫:外国人のための日本語辞書構想[J],月刊言語,1995,(6),p.54—p.61。

加藤安彦:辞典とコーパス[J],日本語学,1998,(11),p.37—p.43。

国广哲弥:語彙論と辞書学[J],月刊言語,1995,(6),p.38—p.45。

关于コト的「事」与「言」

1. 形式名词与本文涉及的问题

关于形式名词,最早使用这个概念的是松下大三郎(1926),松下指出,「形式名詞は名詞としての形式的意義が有るばかりで、実質的意義の無い名詞である」,并将形式名词分为两类,其中第一类列举了モノ、コト、ノ、ワケ、ハズ等共 37 个形式名词,本文中只探讨其中使用频率最高的コト。

形式名词コト最受人关注的是它将某个与句子相当的成分名词化时(日语中对此有补文一说,即含主谓结构的用言词组的名词化,本文沿用这种说法),究竟是选择ノ还是选择コト,在这个问题上,迄今已经发表的论文不在少数,与本文相关的有奥田(1960),坪本(1984),工藤(1985),大岛(1999),阿部(2003)等,但至今仍然没有得出一个令人信服的结论。

ノ,コト的选择把以下句子作为研究对象:

(1) 太郎が10 才である {こと/ *の} は確かです。(久野1973, *表示久野认定该句错误)

例句(1)虽然不是有关ノ,コト选择最典型的例句,但是从中可以看出该句由三个部分构成,即:(A) 补文部分,(B) 形式名词部分,(C) 主句谓语部分。依笔者愚见,ノ・コト选择之难,问题有二,

其一,对例句正误的判断往往失之偏颇,如果对语言现象把握本身有误,就无法想象从错误的判断中能够得出正确的结论①。其二,对形式名词本身的认识还很肤浅。

关于对形式名词的研究,由于形式名词ノ的特殊性,对它至今已经发表了若干研究,如霜崎实(1983),佐治(1993)等,而コト处于ノ的下位概念(戴1991),具有「範疇を規定する機能」(井手1967),因更加接近普通名词而且使用极其频繁,以至对它的存在反而疏于关注,至今似乎没有专门论及コト的论文。本文的目的在于证实所谓形式名词中的相当一部分其实应该纳入实质名词。

2. コト专用动词的类型

目前对ノ,コト后续动词的分类,比较一致的意见是,当接补文之后时,动词可以有三种类型,即ノ专用型,コト专用型,ノ,コト两用型,即有的动词只用ノ、有的则只用コト,有的则两者兼用。以下表2由大岛加藤(1999)依据奥田(1960)工藤(1985)整理而成,反映了使用不同形式名词时谓语动词的分类。

表1 ノ,コト区别使用与谓语动词分类

ノ専用	・感覚動詞 ・動作性動詞	かざり名詞に具体名詞をとる動詞
コト専用	・思考動詞 ・伝達動詞 ・意思動詞 ・表示動詞	かざり名詞に抽象名詞をとる動詞
ノ,コト両用	・認知動詞 ・態度動詞	かざり名詞に具体名詞・抽象名詞の両方をとる動詞

---

① 笔者用「であること/のは確かです」对日语 Goole 进行检索,得前者例句261万句,后者例句57.2万句,说明两者都可使用。

本文主要讨论コト专用的动词,即表1阴影部分,不涉及其他2类。工藤(1985)对这部分动词又细分为4类,并列举了代表性的动词。

工藤(1985)所举的四类动词,靠主观推测,所举动词难免带有随意性,四类动词中,工藤所举的动词与笔者用语料库检索所得结果一致的共37例,不一致的共38例[①]。由于本文关注的是「事」和「言」的区别,所以把观察的范围局限于上表中コト专用中的传达动词,即表示语言表达的动词。工藤所举传达动词如以下(2),画线者表示这些动词与笔者检索结果相左,它们有时也可以与ノ搭配使用。

(2) 伝達動詞　<u>言う</u>、<u>話す</u>、<u>告げる</u>、口走る、述べる、しゃべる、告白する、うちあける、<u>物語る</u>、<u>聞く</u>、<u>聞かす</u>、<u>書く</u>、<u>読む</u>、<u>知らせる</u>、伝える、報告する、報じる、<u>教える</u>、自白する、主張する、発表する、教わる、<u>取りつぐ</u>

以下举三个最常用的动词用例供参考。

(3) つじつまの合わない<u>のを</u>矛盾<u>というが</u>…(外山滋比古「ことばの四季」)
(4) 男の立場から、奥さんにどうしてもらったら気持よく操縦されることができるかって<u>のを話して</u>きたんですが…(弾射音「太陽が山並に沈むとき」)
(5) それは吉井のおじさんがきて話す<u>のを聞いて</u>すぐ知れた。(佐野良二「闇の力」)

---

① 取本人语料库中1945年以后部分,约4 000万字,以小说剧本为主。

以上例句只是说明这些动词在大多数情况下，它们与コト相关，同时他们还具有少量选择ノ的用法，从严格意义上来说，它们不属于コト专用动词，但是这并不否定它们作为传达动词的存在。

3. 词典中的「事」与「言」

对上述传达动词中的传达，《大辞林》的释义是传递命令或联络事项，命令或联络事项是内容，而这些内容必须通过一种形式，这就是语言表达。因此传达动词与语言表达是密不可分的，从(2)也可以看出几乎所有的动词都是与语言表达有关。而日语中与语言表达相关的词往往与コト有密切的联系，如「ことだま（言霊）」「ことづけ（言づけ）」「ことわざ（諺）」「ことば（言葉）」等，因此有理由假设这种场合下的コト表示的范畴意义是「言」而不是「事」，而在词典中，对コト有「言」和「事」两种解释。

关于コト，小学馆词典《日本国语大辞典》（第一版）的解释如下①，旁线为笔者所注。

こと【言・辞・詞】名詞(「事」と同語源か)① 話したり語ったりすること。言語行為。② 話された内容。③ 特にうわさ、評判、便り、詩歌、記録など。

語源説：(1) コオト（小音）の約か〔名言通・大言海〕(2) コトバの略〔名語記・言元梯〕(3) コトトク（事解）の略〔紫門和語類集〕

こと【事、縡】名詞(前項の「言」と同語源か)

（Ⅰ）「もの」が一般に形を備えた物体を基本としているのに対して、そういうものの働き、性質、あるいはものとものとの関係、また、形のつかみにくい現象などを表現する語。① 人のする

---

① 受篇幅所限，只录入与本文相关的内容。

わざ、行為。②多くの人々のなす行為、世の中に起こる現象などをさしていう。③ある種の物などを、それとなくぼかしてさしていうのに用いる。

（Ⅱ）他の語句を受けて、これを名詞化し、その語句の表わす行為や事態を体言化する形式名詞。

（Ⅲ）造語要素としての用法→ごと（事）

語源説：(1)トは事物を意味する接尾語で、コはコ（此）の意か〔日本古語大辞典＝松岡静雄〕(2)コト（言）と同源語〔和訓栞・国語の語根とその分類＝大島正雄〕コト（言）から。コト（事）はみなコト（言）から起こることから〔名言通〕（以下略）

从词典的释义来看,两者都注明两词都出自同一辞源,而且在「事」的辞源说(2)中特别说明了「言」在先而「事」在后。根据词典的释义,「言」的コト意义功能比较单一,它不具备上述词典（Ⅱ）中指出的形式名词的作用,而由此产生的「事」可以表示森罗万象的各种事物,由此生成了把前置主谓结构纳入后续谓语一个成分的功能,即获得了形式名词的功能,在这点上大辞典的记载是符合事实的。虽然有些因素年代久远已不便考证,词源说多少带有主观推测的色彩,但词典的记载还是具有一定的参考价值。

值得关注的是,关于「事」,词典还特别注明它具有造词功能,而在「言」处却未提及,而事实上,「言」同样具有造词功能,而且部分名词还具有「言」「事」两种书写法,这意味着即便是在作为构词成分时,它们之间基于同一词源的这种渊源仍然存在。

笔者用《广辞苑・第五版》的逆序词典查得「侘び言」和「侘び事」这样有两种书写法的单词共32对,以下仅举5对。

(6) かえりごと（返り言、返り事）
(7) こまごと（細言、細事）

(8) かくれごと（隠れ言、隠れ事）
(9) かけごと（賭け言、賭け事）
(10) そらごと（空言、空事）

在上述名词中，有的作为同一单词而具两种书写法，如(7)，也有的在辞典上视为不同单词而具两种书写法，如(9)。

(7)′ こまごと【細言・細事】こまごまとした事。こまごましたことまで立ち入った言葉。
(9)′ かけごと【賭け言】財物を賭けて予言の適否を争うこと。【賭け事】金品を賭けする勝負事。

在(7)中「言」和「事」浑然一体，没有分化，而在(9)中，两者已经分化，「言」和「事」各司其职，分别表示不同含义。在《日本国语大辞典》中，对(7)虽然解释为「こまごまとした事、取るに足りない事柄、くだらないこと」，更倾向于做「事」讲，但是它所举的例子却值得玩味，其中有「こま言［歌舞伎・白縫譚］」一例，从这个例子中还是可以观察到「言事同源」的痕迹。

以上词典的记载都限于古文，在现代文中，实际上(7)这样的名词几乎已经销声匿迹，或者即便使用，事实上「事」也占了绝对优势。偶尔也可见到以下例句，采用不同书写法，这种书写法上的关联对的「言事同源」的假说提供了又一个有力的佐证。以下仅举两例。

(11) 地元の女性が気質関所を通って親類の法事や祝事に出かける際、庄屋や組頭の発行した「日帰手形」や「一夜泊手形」だけでよいという特例があった。（平岩弓枝「ものは言いよう」）
(12)「壁神家というのは、昨夜祝言の行われた家だな」（東野

圭吾「名探偵の掟」)

4. 现实语言生活中的「事」与「言」

在形式名词都改用假名书写的今天,要从形态上观察「事」与「言」的区别,已经非常困难,只有在明治时代的文学作品中,还可以发现用汉字的例句。不过,「事」与「言」本来就界限不分明,所以当时各作家之间写法往往各不相同[①]。

(13) 気障な<u>事</u>を言やあがる。(泉鏡花「婦系図」)
(14) 「馬鹿ッ!——馬鹿野郎!」車を下りる妻の権幕は非常なものであった。僕が妻からこんな下劣な侮辱の<u>言</u>を聴くのは、これが初めてであった。(岩野泡鳴「耽溺」)

例句(13)中,「気障な事」可作「気障な言い方」解,显然是表示「言」之意,而(14)中的「言」则是对括弧中发言的概括,(13)中以「事」代「言」至少说明在明治时代的部分作家中两者的用法已经发生混乱。又如,以下(15)应该是作为「事」解释更为合适,而文中却以「言」代「事」。这种书写上的混乱固然源于「事」「言」间的源远流长的关联,但是对于语言的发展极为不利,所以最终两者都统一为用平假名书写是势在必行。

(15) 若きダルガスはいいました、大樅がある程度以上に成長しないのは小樅をいつまでも大樅のそばに生しておくからである。もしある時期に達して小樅を斫り払って

---

① 以下明治时代的作品都取自「青空文庫」,网址: http://www.aozora.gr.jp/,小说的不同版本可能书写不同,受条件限制无法对照原文,只能作为参考。

しまうならば大樅は独り土地を占領してその成長を続けるであろうと。しかして若きダルガスのこの言を実際に試してみましたところが実にそのとおりでありました。(内村鑑三「デンマルク国の話」)

　　在统一用假名来书写コト后,久而久之人们不再去思考他们的来由,而且确实表示「事」的コト远多于表示「言」的コト,因此容易将所有コト都误认为是「事」。在以下与传达动词「言う」有关的(16)中,有可能コト表示「言」而非表示「事」,如果是「言」,那么以下例句中的コト应属实质名词而非形式名词,如(16)。而例(17)出自同一本小说,它们表达意图基本相同,证实了(16)的コト与「ことば」大致相同,事实上,「言」由「言の葉」省略而来。

(16) 金川義助がいったことを、加藤はふと思い出していた。(新田次郎「孤高の人」)
(17) 加藤文太郎がいったことばを思い出した。(新田次郎「孤高の人」)

以下以动词「言う」为例,(18)是定语用法,(19)是谓语用法。

(18) 「なぜ私のいったことに答えてくれないの、さあ、答えてちょうだい。」(佐藤愛子「その時がきた」)
(19) 幾ら好きでも縁がなければ一緒にはなれない」と、そんなことを言った。(井上靖「あすなろ物語」)

　　上述(18)(19)如果侧重于句子的内容,把文中的コト理解成「事」也未尝不可,但是从与文中的传达动词的关系来看,仍解释成「言」更为接近事实,虽然不能像(16)(17)那样简单地与「ことば」替

换,从意义上来看这两句话更侧重于语言形式,如(19)「そんなこと」实际上是指前面括弧中的内容。

由于コト的大多是场合是表示「事」的,因此它作为「言」的一面容易被忽视,因此偶尔出现像(20)那样以「事」代「言」的例句,也就不足为奇,这也许与上述表1中将于传达动词相关的コト纳入コト专用的理由不无关系。

(20)「何となく結婚、してえと思ってさ」シバさんは素っ気ない言い方で、変な<u>事</u>を言った。(金原ひとみ「蛇にピアス」)

虽然还缺乏足够的证据来缜密地描述「事」「言」与コト之间的相互关系,但是从以上词典释义和对例句的实际观察,可以作出以下推测,即「言」出现最早,由「言」描述的「事」随之分化产生,「言」是承载内容的形式,「事」是由「言」这一形式所表述的内容,最初两者还是互为表里,难以区分。随着语言的不断发展,「事」的意义功能逐步扩大,最终产生了用言名词化的功能,形式名词由此诞生。「事」不断扩大,而「言」日益萎缩,「言」丧失了与「事」对等的地位,两者最终统一为假名。在如今,「言」只在一些(6)这样的复合名词还隐约可看到他们的踪迹,它不存在形式名词的用法,而「事」即可用作实质名词也可用作形式名词,他们除个别场合外一般都用假名书写。正因为都用假名书写,所以容易混淆「言」和「事」的区别,而这种区别势必影响具有实在意义的实质名词和只起到语法标记作用的形式名词之间的判断。

5. 实质名词的コト与形式名词的コト

如上所述,既然「言」作为实质名词表示言辞之意,那么,作为名

词的共同语法特征,它理应可以接受其他修饰语的修饰,如:

(18b)「なぜ私のいった、そのことに答えてくれないの?」
(19b) 幾ら好きでも縁がなければ一緒にはなれないと、そんな変なことを言った。

在表示语言表达的动词中,「言う」使用最频繁,为了观察该动词的实际使用状况,笔者以「～ことを言」作为关键词检索所得2 013词,通过对检索结果的分析,可以看出绝大部分场合其中的コト都是实质名词而不是形式名词,他们都可以接受各类词的修饰,这意味着动词「言う」本质上与形式名词是无缘的。表2列举了修饰「～ことを言」的词类,其中所举词例代表某一类词。

表2 与动词「言う」共现的コト修饰词一览

前接词	変な、みたいな、ような	こんな、どんな、そういう、どういう	ほんとうの、自分の、その	よい、言いたい、いやらしい	ふざけた、はっきりした、思っている、思いもよらぬ、くだらん	という、って
計	784	336	327	318	127	54

以下举部分用例。

(21) バランス感覚はよいのだが、肝心なときになると、抽象的なことを言って他人に決断を任せる。(水木楊「銀行連鎖倒産」)
(22) 宇野、そういうことを言っちゃいかん。(立原正秋「冬の旅」)

(23) おれが辞めたい、ということを言ったら、次の勤め先は決まっているのか、と聞くんだな。(椎名誠「新橋烏森口青春編」)

以上例句中,唯一与形式名词比较接近的是(23),但是(22)中的コト只是对前面内容的概括,而不是名词化,它可以插入其他成分的修饰,如(24)。这种与后续コト之间松散的关系与(25)(26)コト专用动词ノ专用动词的场合有所不同,后者在补文和コト之间难以或者说是不容插入任何其他修饰成分。

(24)「でも、敏子さんは、複雑な事情があるというようなことを言っていたわ。」(佐野洋「乱れた末に」)
(25) 甲田が居間に戻ってきて、金が届いた(?)ことを伝えた。(藤田宜永「異端の夏」)
(26) 西條はふき出しそうになる(??)のをこらえていた。(落合信彦「狼たちの世界」)

从(24)至(26)的例句可以看出,能否插入其他修饰成分,是判断コト是否属形式名词的重要和有效的手段,形式名词既然是只起到一种语法标记的作用,它不具有实质意义,当然不可以接受定语的修饰。比如(26)中的ノ是语法标记,它必须和补文紧密衔接,而(24)中的コト只是对前面内容的概括,与前成分衔接相对比较松散,中间可以插入「という」等成分,还可以穿插「無茶な」这样的修饰成分,而(25)则介于两者之间。同样的现象在以下两用动词上也可以得到验证。

动词「知る」是两用动词中使用频度最高的动词,笔者用「なことを知」「なのを知」作为关键词进行检索,排除「こんな」「いろんな」这一类的连体词接コト的句子后,得到以下例句。

(27) 空の色との調和を考えなければならぬものだという大事なことを知らなかったのだ。(太宰治「斜陽」)
(28) 彼自身、内心では星の起訴がちょっと無理なことを知っている。(星新一「人民は弱し、官吏は強し」)

对(27)(28)的观察可以发现,(27)也是一个比较松散的结构,其中穿插的「大事な」是用作定语修饰后续实质名词的コト,而(28)中的「無理な」则是由「起訴が無理である」变化而来,属于补文,与后续形式名词的コト之间关系密切,不可插入任何其他成分。

从(27)(28)可以看出,コト在是否能够接受定语修饰这一点上情况比较复杂,它有时既有作为实质名词的用法,也有作为形式名词的用法,前者作为实质名词的用法中往往可以穿插其他修饰成分,而后者则无法插入其他任何成分。日语中修饰成分是多种多样的,如形容词、形容动词、动词等,以下笔者以「なことを」作为关键词,观察了表3中动词各自在这方面的表现。(A)表示接受形容动词类定语修饰的程度,(B)表示接受「という」插入的程度,调查结果显示两者倾向基本是一致的。

表3 传达动词接受定语修饰的调查

動　　詞	言う	聞く	話す	述べる	伝える	主張する
(A) 被修飾語数	358	29	7	4	1	0
(B) トイウ挿入可能な例	51	34	4	3	2	1

根据表3可以得出以下结论。第一,可以接受定语修饰的比例越高,说明与该动词相关的コト作为实质名词的可能性越大。第二,在コト前可以插入「という」的比例越高,说明前接成分与コト之间关系越是松散,它们作为实质名词的可能性越大,这两者在本次调查中基本一致绝非偶然。由此可以推断与动词「言う」相关的

コト的作为实质名词的可能性最大,而与「主張する」相关的コト则作为实质名词的可能性最小,反之亦然,其他动词则分布于两者之间,它们具有连续性。

关于动词「言う」表2已经大致可以描述出它的全貌,而处于表3另一端的「主張する」本次检索共得24个例句,从以下(29)(30)的比较,与「言う」相关的コト更侧重于「言」,而与「主張する」相关的コト相比较更加侧重于「事」,或者说前者多为实质名词而后者多为形式名词,综合上述观察和分析,这个判断应该说是基本无误的。试看下例。

(29) 杏子は家に帰ることを主張した。(室生犀星「杏っ子」)
(30) わたしたちは、一年以上あなたがたに何一つ迷惑をかけなかったということを主張するでしょう。(宮本百合子「道標」)

6. 结语

本文首先介绍了形式名词ノ,コト的研究现状,然后把研究的对象局限于最为常用的コト。在ノ,コト的选择问题上,迄今为止的研究把后续的动词分为三类,本文将其中コト专用动词中的表示传达之意的动词作为研究对象。表示传达的动词与语言表达有密切关系,因此笔者假设现在被当作形式名词中的相当一部分有可能是实质名词的「言」,而不是形式名词的「事」,只是由于现代日语都用假名书写,从形态上已经无法加以辨认,因此容长期以来,人们没有注意到这一事实。

为了证实部分コト实际上是实质名词,在句中表示「言」而非「事」,笔者援引了词典的「言事同源」说,还从两者在构词功能上的共同点,以及在早期和现代文学作品中的使用状况证实了它们之间的相互关联,勾勒了由「言」及「事」,即由实质名词向形式名词发展

的大致的过程。

　　实质名词和形式名词的最大的分水岭在于是否可以接受定语的修饰,在这这一点上,不同的动词有不同的表现,大致而言,コト可以接受各种词类作为定语修饰的比例越高,它作为实质名词的可能性就越大,同时,在前接词句和コト之间可以插入「という」等其他成分,两者间关系越为松散的コト、其作为实质性名词的可能性也越大,反之亦然。两者在本文的调查中取得了基本一致,这个事实说明所谓的传达动词中,现在一般认为是形式名词的コト实际上相当一部分应属实质名词,同时还指出了两者间的关系是连续性的,与「言う」相关的コト最接近实质名词而与「主張する」相关的コト最接近于形式名词,其他动词则分布于两者之间。

　　迄今为止的形式名词研究往往偏重于ノ而疏于对コト的关注,本文所揭示的コト的「言事同源」说和现代日语的实质名词长期以来被人们认为是形式名词这一事实将对今后的ノ,コト研究提供有力的线索,可避免实质名词和形式名词的混淆。

　　通过上述研究可知,许多实事如果不以批判的态度去理解,对现有的成果照单全收,那么就很难发现问题。当然仅有发现还不够,还必须列举大量事实来加以证实,此时语料库起的作用是不可忽视的,它可以把许多单凭内省而无法察觉到的事实呈现在我们的面前,提供我们大量的有力的证据。不过本文所使用的语料库规模还不足够大,受到一定的限制,但作为利用语料库进行的研究,也许有一定的参考价值。

参考文献

　　奥田靖雄:1960,を格のかたちをとる名詞と動詞のくみあわ

せ,日本語文法・連語論(資料編)[M]。

井出至：1967,形式名詞とは何か,講座日本語の文法3[M],明治書院。

霜崎實：1983,形式名詞「の」による代名用法の考察,金田一春彦博士古稀記念論文集[M]。

三省堂坪本篤朗：1984,文の中に文を埋めるときコトとノはどこが違うか,国文学解釈と教材の研究[J]。

工藤真由美：1985,ノ、コトの使い分けと動詞の種類,国文学解釈と観賞,至文堂[J]。

戴宝玉：1991,关于ノ、コト、モノ的结构,解放军外语学院学报[J]。

佐治圭三：1993,「の」の本質—「こと」「もの」との対比から—,日本語学12[J]。

大嶋秀樹、加藤久雄：1999,補文標識「の」「こと」の名詞性とその選択について,奈良教育大,学紀要人文社会科学[J]。

安部忍：2003,補文標識「の」「こと」に関する若干の考察,山手日文論攷[J]。

日语空间名词"中"的语法化

1. 引言

　　日语的名词"なか",是个使用频度极高的词,"なか"的最基本的意义根据《大辞林》的解释是接名词之后表示"空間的なある範囲の内側(某空间范围的内侧)",如"部屋のなか(室内)",但是在实际使用中它的用法并不限于上述词典上介绍的几种意义,如(1)[①]。

　　(1) 超低金利のなか、家計の現預金残高が04年度初めて減少に転じた。(050719)

　　例(1)显然不是表示某空间范围的内侧,而是表示某种状况,或某种背景。为了表示这种状况或背景,它还可接动词形容词,这表明"なか"已经淡化(bleaching)了的原有的实质意义,不再表示空间内侧之意,超越了作为名词的语法范畴(decategorization),摆脱了必须接在名词之后的束缚,逐渐形成了一个新的表达形式。
　　在实际的使用中,"なか"常表示主句动作状态是在何种状态下实现的,本文将这种状态称之为"背景"。其实在日语中表示背景的用法不限于"なか",还有"につれて"等。对后者森田、松木(1989:

---

　　① 除了特别注明之外,所有例句均摘自日本2005、2006、2007年的《每日新闻》,数字表示刊出时间。

p. 112)指出它们表示"前件が原因・理由となって後件が生じることを示す(前句表示后句产生的原因理由)",并举出以下例句。

(2) 都市の人口が増え、その区域が広がるにつれて、野菜の産地はだんだん遠くへ移っていきます。(随着城市人口增加、城区扩大,菜田也逐渐向外围转移。)

以上解释问题有二。其一,从以上句子来看,认为从句表示主句的原因理由有些牵强。诚然,(2)可以改为"区域が広がったため…",但是,"ため"对从句接续范围和主句句末表达的限制甚少,而"につれて"的从句只限于少量动词的基本型,不能使用过去式,不能用否定形,也不容许出现形容词或名词,这样一个受到诸多限制的表达方式难以满足作为表示原因理由的必要的条件。其二,作为表示主句动作状态的背景的用法,该书只注意到了"につれて",而没有注意到在日常生活中更为广泛使用的"なか",而实际上,笔者对 2005 年至 2007 年的《每日新闻》约 1.5 亿字的全文进行的调查结果表明,"なか"的用例远多于"につれて",仅接动词的用法,前者的用例就达到 4 264 例,而后者只有 486 例。

当然,"につれて"和"なか"虽然在介绍主句动作状态实现的背景这一点上,它们可以纳入传统语法框架中的接续助词,两者之间有不少共同点,但是两者表示的意义显然有所不同,他们各司其职,有着不同分工。以下将从意义和句法以及其他相关方面对"なか"作一简述。

2. "なか"的意义

"なか"的意义如前所述,主要表示主句的动作状态是在何种情况下实现的,为主句提供背景说明,因此它只能是客观的描述,这个

意义上的限制规定了"なか"之前出现的只能是名词、形容词、形容动词或动词,不过动词只限于表示状态的自动词。

(3) 地域間の格差が広がるなか、求人の少ない地域から職を求めて来る若者もいる。(070522)
(4) いじめが深刻化する中、校長の管理能力を厳しく問う措置といえそうだ。(070126)
(5) 治安改善のめどが立たない中、経済復興も思うように進んでいない。(060321)
(6) ゆとり教育で理科の授業が減った中、限られた時間で知識をつけなくてはならない。(071205)
(7) 開発に伴う温暖化が地球の環境に大きな影響を及ぼしている。こうした中、毎日新聞は創刊 135 年記念事業として植樹支援活動を全国でスタートさせる。(060103)

从检索结果可以看出,"なか"之前出现的动词大多是(3)(4)这样的表示状态的自动词现在式,在这点上与"につれて"相同。但是,"なか"的接续范围远大于"につれて",它还可以如(5)接动词的否定形,如(6)接动词的过去式,甚至如(7)和"こうした""そうした"构成类似于接续词的用法,这些都是"につれて"所无法实现的。

"なか"接在形容词、形容动词、名词的用例如下。

(8) 制約が多い中、当局が提供する取材の場を利用せざるを得ない。(050617)
(9) 経済が右肩下がりな中、国民にはラジカルな批判があるようだ。(060703)
(10) イラク情勢の先行きも不透明である中、それらを全部無

視するような形での本当に一面的なものだった。(050202)
(11) (その映画は)敗色濃い状況のなか、士気高揚のために制作された。(050130)

从以上"なか"的接续的多样性可以看出，作为一个新的表达形式，它的接续范围远大于"につれて"，它可以接在各种表示客观状态的用言或体言之后，表示主句动作状态实现时的背景。虽然本次研究主要从报刊中收集例句，但实际上在剧本小说中并不鲜见，其中剧本中的背景介绍尤为典型，如(12)。

(12)「白鳥の湖」の流れる中、静かに幕が上がる。(つかこうへい「つかこうへい戯曲シナリオ作品集4」)

"なか"甚至还有向口语扩张的趋势，如(13)。

(13)「夫ともみ合っている中、大和田さんは足をすべらせてころび、打ちどころがわるくて死にました…」(城山三郎「真昼のワンマン・オフィス」)

尽管"なか"已经大量使用在各种文章中，但是迄今为止似乎尚无相关的研究，其原因可能如下。即传统的复合助词研究都把研究范围局限于由数个现有的单词构成的新的表达形式，如"につれて"一般被称为复合助词，由助词和动词构成，起到接续助词的作用。但是这种研究忽略了以下事实，即某些新的表达形式的产生有时并不需要数个单词组合，一些名词在实质意义淡化、逐渐摆脱原有实词的语法范畴并获得一个新的意义之后，同样可以成为一个新的表达形式。森田松木(1989)以及其他日本国内学者之所以未注意到

"なか"的存在,正是因为在传统的研究框架下非复合助词的存在往往被忽视之故①。

从以上观察可知,无论从接续范围还是使用的频度,或是从意义而言,"なか"远比"につれて"更加具备作为一个新兴的接续助词所必备的条件。

3. "なか"的语法化

如果"なか"的新的用法源于原有的表示空间内侧的用法,那么从以下例句可以观察到它从一个单纯空间名词逐步演变为接续助词的变化轨迹。

《大辞林》的解释中有一条为"ある状態の最中、ただなか(正处某状态之中,正值……之际)",并举了以下例子。

(14) 雨の中を帰る。
(15) お忙しいなかをよくいらっしゃいました。
(16) 繁栄のなかの貧困。

"なか"语法化的用法,可能最初就是从以上例句发展而来的。不过从(14)(15)可以看出,名词"なか"都伴随着"を",而"を"正如"家を出る"那样,是用来表示空间的。以上(14)中"なか"仍表示空间的内侧,从句中仍可以感受到在一种某个动作在空间内侧移动的意思。其他特征是这种表达方式的后续动词,一般为"帰る""立ち去る""歩く"等移动动词,而且它们都必须借助于格助词"を"。这表明这些动词和名词共同构成一个动词词组,名词还不能独立于动词单独表示背景。但是随着句子结构的复杂化,"なかを"也可以从

---

① 关于非复合助词一说,参见戴(2008)。

动词词组中分离出来逐渐开始表示某个动作状态实现时的附带场面或状态,如(17)便是如此。

　　(17)「この雨の中を非常階段で上ってくる奴があるか?」(森瑶子「ベッドのおとぎ話」)

　　在(17)中,虽然也用了"雨の中を",但是与移动动词相关的应该是"階段を上る"而不是"雨の中を上る",只是为了避免两次出现同一个格助词"を",才改为"階段で上る"。由此可见,"なか"在意义上已经不再从属于后续动词,它并不表示在雨中的移动,而是表示动作进行时的附带状况,因此它可以改写成(18)而不改变原意,而(14)改写为(19)就可能与原来的表达意图相去甚远了。

　　(18)「雨が降っているのに、非常階段で上ってくる奴があるか?」
　　(19)雨なのに帰っていった。

　　从这个意义上来说,"なか"与"ところ"有许多近似之处。近藤(1999)将"ところを"分为A型和B型,对B型"ところ"的语法化的过程作了细致观察,认为所举例句(20)的"ところ"表示"事柄"、"こと"、"箇所",此时的"ところを"只是个名词,作动词的宾语,不构成复合助词。而(21)则可以认为产生了副词之功能[①],因此它成为复合助词,可以与"のに"互换。

　　(20)太郎がやるはずであったところを次郎がやった。(原例句①)

---

　　① 原文如此,日文为"副詞的意味が芽生える"。

(21) うまく行けば勝てたところを、私のミスで負けてしまった。(原例句④)

同样,"雨のなかを"在(14)中可以认为是表示动词移动的空间内侧,而(17)则可以认为已经开始摆脱单纯空间的束缚,开始向提供动词所需的附带场面或状态方向发展。也就是说当它还停留在实质性名词(content word)时,只做动词词组的构成部分而已,而当它摆脱了原有意义并完成了语法意义的虚词(function word/grammatical word)转换时,才可能获得接续助词的职能。

当然这种发展还处于萌芽状态,因此,(17)还不能完全排除仅作为单纯的"空间"的解释。然而到了(22)这种发展就更加明朗化了,这从(22)(23)可以互换这一事实中就能得到验证。

(22)「どうも本日はお忙しい中をおいでいただきまして——」(赤川次郎「踊る男」)
(23) 本日はお日柄もよく、お忙しいのに、オムライスのためによくぞお集まり下さいました。(高泉淳子「僕の時間の深呼吸」)

"なか"要最终发展为一个独立的接续助词,还有待于其之前的部分成长为一个可以描述一个完整事态的、具备自己独立主语的从句,如(3)(4)(5)(6)以及(8)(9)(10)(11)。

4. "なかで"

如同"うえ"往往以"うえに""うえで"的形式出现一样,"なか"也以"なかに""なかで"的形式出现。不过,"なかに"只是名词和格助词的简单相加,不是语法化的结果,而"なかで"则是"なか"语法

化时的另一种形式。但是如以下所叙,接续对象不同,情况有所不同。

笔者对同一报纸用同样方法检索了动词后续"なかで"的用例,共检出1 060例,与"なか"相比,只占四分之一,说明在形态上"なか"仍占主导地位。检索结果表明在接动词和形容词、形容动词时其意义上并没有明显的变化,试看以下例句。

(24) 小売業の販売チャンネルが<u>広がる中で</u>、百貨店にかつてのような存在感はなくなっている。(070825)
(25) 対話しても<u>進まない中で</u>、今は圧力を強めざるをえない。(061011)
(26) この処分を「軽すぎる」と怒る国民が<u>多い中で</u>、今回の事件が起きたわけだ。(060607)
(27) サッカーの練習や授業に<u>多忙な中で</u>、大学検定試験にもパスした。(060501)

而在接名词的句子中,除了个别的(28)这样的例句外,绝大多数都是像(29)这样的表示比较范围的基本用法,当然这种用法只是名词和助词的简单相加,不属于语法化的用法。在(28)(29)中可以认为是基本用法和语法化用法偶尔使用了同一种形式。由于(29)在数量上占了绝对优势,因此接名词之后的"なかで"在绝大多数场合下不属语法化用法①。

(28) 先が見えない<u>状況の中で</u>、自分を必要としてくれる場所を探したんです。(051207)
(29) 「これまで見てきた美術館の<u>中で</u>最も美しい一つ」

---

① 此番没有监测到"であるなかで"的用例。

(050118)

格助词"で"的基本用法之一是可以后续"の"直接修饰名词,如"海外での出来事",这次检索了"なかで"的用例,结果共检出了例句761例,其中近一半的364例为(30)这样的基本用法,其余的397例为(31)(32)(33)这样的语法化用法。

(30) 日本に輸入する製品の価格は上がり、日本の中での競争は不利になる。(050722)
(31) ユーラシア全体に力士の出身国が広がる中での両力士の大活躍だ。(051130)
(32) わたしの人生で最も寒い中での試合だった。(060302)
(33) 日中関係が険悪な中での踏み込んだという発言に、中国側は反発している。051223

例(30)属"なか"的基本用法,(31)(32)(33)则属语法化用法。然而,后者与(1)这样的典型的语法化用例不同。在此处由于主句动词的名词化(31)或主句动词的定语化(33),通过"で"的介入,"なか"从表示提供主句动词背景的从句转变为可以直接修饰后续名词或动词的成分,从而达到更佳精炼的表达效果。

在"うえで"中也可以观察到同样的现象,如以下例句。

(34) 十分検討したうえで、対処したい。(050728)
(35) 医療関係者と2年間検討した上での決定だ。(061222)

"うえ"原表示某个空间的上方之意,但它可以转化为表示时间,如(34)。而(34)可以在不改变原意的条件下改为(35),但是不能说成"検討した上の決定",可见这个"で"绝非是可有可无的。

同样,(31)也基本上不可说成"出身国が広がるなかの両力士の大活躍①"。

不过,由于句子结构的改变而使用"の"直接修饰成分的现象,也发生在(36)(37)这样的传统意义上的接续助词的例句中,虽然为数不多,其中的"ながら""ば"也可以后续格助词"の"直接修饰后续名词或动词。

(36) 議論しながらの撮影でした。(060601)
(37) 観者に素直に観ていただければの願いを込めて発表致しております。(061116)

以上两句中的接续助词并不因为后续格助词"の"而改变接续助词的身份。"なかで""うえで"也是一样,仍可认定为接续助词。与"ながら""ば"不同的是,前者必须借助于"で",而后者却可以直接后续格助词"の"修饰后续名词或动词。

因此虽然"なか"还有"なかでの"这样的比较特殊的用法,但是除了(29)这样的表示属性范围的用法以外,其他的"なかで"同"なか"基本相同,仍属语法化用法。

5. 结语

综上所述,"なか"原来表示某个空间的内侧,由于使用频度极高,在使用中原有的意义逐步淡化,超越了作为名词的语法范畴,产生了表示主句动作状态实现时的背景之意,最终形成一个新的语法表达形式。这种语法形式在现有的语法框架下与接续助词的"につ

---

① 仅有一例似乎可以认定为仍保留着语法化用法。"地球温暖化対策で自然エネルギー電力需要が高まってきた中の事例として注目を集めそうだ。"(050731)

れて"有许多共同点,但是在接续范围和使用频度上,"なか"要远胜于"につれて",更加接近接续助词。"なか"虽然有时也以"なかで"的形式出现,但是除了接名词的用法之外,它仍属于语法化用法。

通过对"なか"的观察分析,证实了日语中新产生的语法形式,并不局限于复合助词,单个名词只要具备一定的条件,同样可以转换为新的语法形式这一论断。已经引起人们关注的有"かぎり""以上"等,不过,对"なか"的观察和分析也许是名词语法化研究的首次尝试。

在这次调查中还意外地发现了以下事实,即由于"なか"表示主句谓语的动作状态实现的背景,它所接的用言必须是表示状态性的用言。典型的有形容词、形容动词等,当然也包括部分动词。这些动词必须是表示客观现象的,所以决大多数由自动词来担任,本文所举的相关例句也证实了这一点。鉴于以上的特性,"なか"有望成为鉴别自他动词的一个客观而有效的手段。长期以来,对自他动词的研究都局限于对动词本身的研究,但是这种研究有很大的局限性,如无法解释"国際社会の批判が増すなか"和"存在感を増すなか"中动词"増す"的自他性质,而借助"なか"的这种来自于外部的检测手段,或许能为自他动词的研究打开一个新的局面。

参考文献:

[1] 森田良行、松木正惠:日本语表现文型[M],アルク出版社,1989.5。

[2] 戴宝玉:语法化与日语的复合助辞研究[A],日语研究[C],商务印书馆,2008.12。

[3] 近藤纯子:複合辞「ところを」についての論考[A],日本语教育[C],1999.12。

www.ingramcontent.com/pod-product-compliance
Lightning Source LLC
Chambersburg PA
CBHW051539230426
43669CB00015B/2658